LA PALABRE N° 9

JEAN-MARC ELA ET LE LIBERALISME

L'Harmattan

LA PALABRE N° 9

JEAN-MARC ELA ET LE LIBERALISME

L'Harmattan

5-7, rue de l'École-Polytechnique ; 75005 Paris

http://www.librairieharmattan.com
diffusion.harmattan@wanadoo.fr
harmattan1@wanadoo.fr

ISBN : 978-2-343-11398-2
EAN : 9782343113982

CONSEIL SCIENTIFIQUE

COMITE DE LECTURE

NIETZSCHE ET JEAN-MARC ELA : CRITIQUES DE LA SCIENCE

Jean Patrice AKE,
Université Félix Houphouët Boigny, apatrice@icloud.com

RÉSUMÉ :
Par définition, la science est la forme la plus haute du savoir et de la connaissance humaine, mais aussi la forme spécifique d'activité sociale qui est la principale cause productrice de biens et de richesses ; Nietzsche et Jean-Marc Ela ont été convoqués ici comme critiques de la science. L'un voit la science, du point de vue de la méthode généalogique, comme le symptôme de la vie. Par rapport à ce pessimisme, la science signifie crainte et diversion. Elle ne peut pas se passer de la vérité, mais suscite la peur, la ruse et l'hypocrisie. L'autre, du point de vue sociologique, voit dans la science un lien avec la culture et elle donne un certain pouvoir. Elle est une activité collective. Finalement ces deux critiques se rejoignent pour dire que la conscience scientifique est un abîme.

MOTS CLEFS :
Science, savoir, connaissance, activité sociale, biens, richesses, généalogie, vie, pessimisme, peur, ruse, hypocrisie, culture, pouvoir, activité collective, abyme, critique.

***ABSTRACT* :**
By definition, science is the highest form of human knowledge, but also the specific form of social activity, which is the producing leading cause of goods and richness's. Nietzsche and Jean-Marc Ela were convened her like criticisms of science. From a genealogic point of view, one sees science like symptom of life. Compared to this pessimism, science means feared and diversion. It cannot do without the truth, but causes the fear, the trick and hypocrisy. From a sociological point of view, the other sees in science a link with the culture and it

gives a certain power. It is also a collective activity. Finally, these two criticisms meet to say that the scientific conscience is an abyss.

KEY-WORDS :

Science, knowledge, social activity, goods, richness's, genealogy, life, pessimism, fear, diversion, hypocrisy, trick, power, culture, abyss, collective activity.

INTRODUCTION

Considérée comme la forme la plus haute du savoir et de la connaissance humaine, ou encore comme la forme spécifique d'activité sociale qui, dans les sociétés modernes est la principale cause des biens et des richesses, la science est devenue aujourd'hui une activité mondaine soumise à tous les aléas de la vie historique. Ainsi elle s'inscrit dans un processus historique qui, dans le long terme, tend à s'autonomiser par rapport à d'autres formes culturelles comme sont les conceptions mythiques ou religieuses de l'univers. Elle fait partie, en outre, d'un système de production et d'un système politique et son discours est devenu institution. Certains pensent qu'il ne faut pas la confondre avec la sensation, ni avec l'opinion vraie, ni avec l'opinion accompagnée de raison, qu'elle est le savoir universel absolument fondé. Sa caractéristique est de posséder une méthode et son essence est d'être réflexive.

L'idée de parler de la critique de la science nous est venue en lisant l'ouvrage remarquable d'Alexandre Koyré, de la mystique à la science. Cours, conférences et documents 1922-1962. Dans la préface de cet ouvrage Pietro Redondi (1986, p. X), chercheur au centre Alexandre Koyré disait que

> (Cet éminent historien de la pensée scientifique) a montré (aux scientifiques) que l'histoire de l'astronomie ou celle de la mécanique ne se composaient pas que de 'faits scientifiques', mais qu'en elles se révélaient des conceptions religieuses et ontologiques, des cosmologies et des pensées mathématiques.

Ensuite, il (1986, p. X) a montré

> (aux philosophes) que la différence entre science et non-science, science et métaphysique, ne pouvait être établie logiquement, a priori : dans l'histoire, les arguments scientifiques qui sont…rationnels ou positifs émanent de mobilités philosophiques et religieux différents des nôtres.

Ainsi, Koyré, selon Redondi(1986, p.X), a montré que toute science est solidaire d'une métaphysique.

L'histoire de la pensée scientifique, telle que l'entend Alexandre Koyré (1986, p. 129), et qu'il s'efforce de la pratiquer,

> Vise à saisir le cheminement de cette pensée dans le mouvement même de son activité créatrice…il faut résister à la tentation, à laquelle succombent trop d'historiens des sciences, de rendre plus accessible la pensée souvent obscure, malhabile et même confuse des anciens, en la traduisant en un langage moderne qui la clarifie mais en même temps la déforme : rien, au contraire, n'est plus instructif que l'étude des démonstrations, d'un même théorème, données par Archimède, Roberval et Barrow.

Il fait une remarque supplémentaire suivante : « On doit enfin, étudier les erreurs et les échecs avec autant de soin que les réussites » (p. 130). N'est-ce pas dans cette voie critique de la science dans laquelle se sont particulièrement illustrés Nietzsche et Jean-Marc Ela ?

D'un côté, Nietzsche a posé la question généalogique et la signification de la science qui est un symptôme de vie. Par rapport au pessimisme de la vie, la science signifie la crainte et la diversion. Elle ne peut pas se passer de la vérité, mais elle suscite la pur, la ruse et l'hypocrisie. L'instinct l'accompagne et elle sert plus le mythe que la vérité. Ainsi la science moderne est devenue la nouvelle religion. La définition que Nietzsche donne de la science est l'imitation de la nature en concepts. Il montre ainsi qu'il est pur naturaliste. Tandis qu'en toute science Nietzsche décèle l'illusion, les préjugés et les passions, il propose la culture comme son régulateur. C'est cette culture qui empêche toute science de tomber dans la barbarie.

De l'autre côté Jean-Marc Ela, devant les limites de la science géométrisante qui est à l'œuvre dans la rationalité scientifique, dont l'expansion est liée à des logiques de destruction et de mort, pense qu'il faut réinsérer la savoir dans le champ de la vie. La science, chez lui, est liée à la culture et donne un certain pouvoir. La science élaenne(2006, p. 85) est une activité collective qui comporte plusieurs tâches :

> Mobiliser le monde (produire des données lisibles, manipulables), créer des collègues (produire des personnes capables de comprendre ce que l'on fait et ce que l'on dit), s'allier à des acteurs pluriels que l'on intéresse aux opérations précédentes (l'école, l'État, l'industrie…), mettre en scène l'activité scientifique par les relations publiques, la confiance, l'idéologie. »

Finalement pour notre sociologue africain, la pratique scientifique est une pratique sociale. N'est-ce pas surtout à la philosophie d'interroger la science sur ses principes et lui montrer ses limites ? Telle est la problématique ancienne mais toujours nouvelle que le présent article voudrait poser. D'abord, il voudrait analyser la conception nietzschéenne de la science.

1) LA CONCEPTION NIETZSCHEENNE DE LA SCIENCE

1.1.) LA CRITIQUE NIETZSCHÉENNE DE LA SCIENCE

Dans l'essai d'autocritique de la Naissance de la Tragédie, Nietzsche pose la question du but, pire encore, de l'origine de toute science. Auparavant, il (1993, p. 24) avait posé le problème en ces termes : « Et la science elle-même, notre science, - oui, envisagée comme symptôme de vie, que signifie, au fond, toute science ? » Et laissant de côté la question généalogique, notre auteur (1993, p. 24) met en rapport la science avec le pessimisme en disant : « L'esprit scientifique n'est-il peut-être qu'une crainte et une diversion en face du pessimisme ? » Ainsi la science ne peut pas se passer de vérité et c'est pourquoi Nietzsche (1993, p. 24) s'interroge à nouveau :

> (L'esprit scientifique est) une ingénieuse défense contre – la vérité ? Et moralement parlant, quelque chose comme de la peur, et de l'hypocrisie ? Et immoralement : de la ruse.

Voici pourquoi l'instinct accompagne la science et Nietzsche pense qu'il (l'instinct) est celui de Socrate. L'instinct est même son secret et son ironie.

Au sens propre, en effet, l'ironie socratique, pense Nietzsche, consiste à interroger quelqu'un en feignant de ne rien savoir, pour mettre en question son soi-disant savoir, ou pour faire apparaître son savoir ignoré. Nietzsche est d'accord pour dire qu'il s'agit d'un instinct qui accompagne la science et il ajoute (1993, p. 89), en parlant de Socrate :

> Et c'est à cause de cela que l'image de Socrate mourant, de l'homme délivré, par le savoir et les raisons, de la crainte de la mort, est l'écu armorial suspendu au portail de la science, pour rappeler à chacun que la distinction de la science est de faire que l'existence paraisse compréhensible, et par cela même justifiée.

En fin de compte Nietzsche soutient que la destination de la science doit servir aussi le mythe qui est la conséquence inéluctable, l'intention réelle de la science. Mais n'est ce pas cela qui crée la puissante illusion de la science ?

En effet, Nietzsche (1993, p. 90) affirme que la science est éperonnée par sa puissante illusion. Pour lui, elle se hâte alors inlassablement jusqu'à ses limites, « où vient échouer et se briser son optimisme latent logé au cœur de la logique. » Il (1993, p. 90) ajoute que la circonférence du cercle de la science est composée d'un nombre infini de points. Cette démonstration mathématique faite par Nietzsche ne cache pas son dédain pour la science, car plus loin il affirme (1993, p. 104) :

> Une culture fondée sur le principe de la science doit s'écrouler dès l'instant qu'elle commence à devenir illogique, c'est-à-dire qu'elle recule devant les conséquences.

Ainsi la science doit servir la culture selon Nietzsche (1993, p. 186) et il se lamente en ces termes : « A quoi peut-elle servir si elle n'a pas le temps pour la culture ? » Peut-on dégager des caractéristiques de l'homme de science par rapport à l'homme de la culture ?

Nietzsche, en rapprochant l'homme de science de l'homme de la culture, mesure le grand abîme qui les sépare. Le scientifique se comporte vis-à-vis de l'homme cultivé comme un désœuvré sans dignité. Pascal, selon Nietzsche, pense qu'il (l'homme de science) s'adonne à son activité pour échapper à la solitude. Mais les questions existentielles, du genre, - pourquoi ? D'où venons-nous ? Où allons-nous ? – lui échappent. Le savant ou encore l'homme de science ne pense pas à l'utilité de son travail. Et Nietzsche de s'interroger à nouveau : la science ne mène-t-elle pas à la barbarie ?

Nietzsche le pense sincèrement dans Les Considérations Inactuelles (1993, p. 186), car chez lui, « le monde savant est déjà effroyablement avancé dans cette direction. » Strauss que Nietzsche (1993, p. 186) évoque pour étayer son argumentation, lui apparaît comme le type de scientifique oisif, qui cherche la distraction à tous prix, « l'éparpillement dans la mémoire et l'incohérence des conceptions. » Pour Nietzsche (1993, p. 187), Strauss manque « d'expérience vraie et de connaissance originale des hommes », sur les questions touchant au mariage, à la guerre et à la peine de mort ; Si Strauss représente un fleuron de la science, il y a lieu de nous interroger sur la science allemande elle-même.

Notre philologue soutient que cette science est livresque et journalistique. Elle feint, selon Nietzsche (1993, p. 187), la modestie mais elle garde sa phraséologie vieillotte qui montre son manque de sagesse et de maturité. Dans la science allemande, la culture a disparu. La science a besoin de la philosophie pour l'éclairer à la manière d'un Diogène, un homme doué d'une méditation profonde. Cet homme, en outre, doit posséder un génie remarquable et un courage à toute épreuve.

Cette science, ajoute Nietzsche (1993, p. 187), est toujours en état de guerre avec « (ses) appareils imposants, (ses) arsenaux munis de (ses) pièces d'artillerie formidables et de (ses) instruments de guerre. » Mais la culture fait défaut à cette grande artillerie. La seule culture indispensable à ces esprits obtus et enflammés, c'est la « culture des philistins » (1993, p. 187). Cette culture est du contentement, et pédagogiquement elle est pour le statut quo des écoles allemandes. C'est cela la conception du monde. Strauss prêche alors cette foi moderne en la science contre la foi en l'ancien temps, pour voir « si la nouvelle rend à ses croyants les mêmes services que l'ancienne. » (1993, p. 192) En ce sens la science moderne n'est-elle pas inutile ?

Dans l'avant-propos d'un passage sur de l'utilité et de l'inconvénient de l'histoire pour la vie des Considérations Inactuelles II, Nietzsche (1993, p. 217) montre l'inutilité de la science qui paralyse l'activité. L'histoire qui est prise en exemple comme science est « (un) précieux superflu de la connaissance et (un) article de luxe. » (1993, p. 217). Il prend cette science en aversion car elle nous détourne de la vie et elle prétend être la science du devenir universel. (1993, p. 238) Sa devise est la suivante : « Qu'advienne la vérité et que la vie périsse. » Mais finalement cette science règne-t-elle effectivement sur la vie ?

Nietzsche est d'un avis contraire car « une vie ainsi régentée ne vaut pas grand-chose. » (1993, p. 257) La vie actuelle n'est pas régie par le savoir selon Nietzsche, mais par l'instinct et par les puissantes illusions. En effet, la science actuelle fait-elle alors des progrès ou est-elle en train de stagner ? Notre penseur (1993, p. 257) écrit qu'en fait 'plus vous voudrez accélérer les progrès de la science, plus vite vous anéantirez la science. » Puis le philosophe allemand va comparer l'homme de science à la poule. Cette comparaison hallucinante va montrer que l'homme scientifique à qui l'on demande des résultats à tous prix ressemble à une poule qui dépérit parce qu'on l'a contrainte à pondre trop vite ses œufs. (1993, p. 257) Mais il pense qu'en fait, en ces dernières années, l'homme de science est épuisé, devant les progrès étonnants qu'il a pu faire. La production scientifique est aussi comparée à l'œuf de la poule. L'homme de science pond plus d'œufs, d'œufs plus petits bien qu'il soit lui-même de plus en plus gros. Finalement, ce n'est pas à la science que le penseur athée a à faire, mais à la religion.

En effet le nihiliste sembler affirmer que l'histoire est toujours une théologie masquée. La vénération dont l'illettré fait preuve vis-à-vis de la caste savante est la même qu'il voue au clergé. Nous comprenons mieux cette acclamation de l'anti-chrétien (1993, p. 262) : « Ce que l'on connaît autrefois à l'Église, on le donne aujourd'hui, bien qu'avec plus de parcimonie, à la Science. » Par conséquent, l'Allemand va ainsi plaider pour une science de la culture. Mais qu'est-ce que la culture, s'interroge-t-il ? Ou encore, pour dire les choses autrement, les Allemands sont-ils cultivés ?

Le généalogiste de la science (1993, p. 277) argumente sur ce point en ces termes : « Jusqu'à présent les Allemands n'ont pas eu de culture, quoi qu'ils en disent et quelle que soit la fierté dont ils fassent parade. » Pour lui, la culture allemande de son temps semble incroyable et niaise. Elle est très fausse et très superficielle. Or, parce que la science est liée à la vie, elle ne peut que naître, croître et s'épanouir qu'en elle.

Au paragraphe 10 du texte sur de l'utilité et de l'inconvénient de l'histoire pour la vie, des deuxièmes Considérations Inactuelles, le savant allemand parle de la science et de ses poisons. La science, poursuit-il (1993, p. 281), voit dans ses poisons, des puissances et des forces adverses, car

> Elle considère seulement comme vraie et juste l'examen des choses, c'est-à-dire l'examen scientifique qui voit partout un devenir accompli, une évolution historique et non point un être, une éternité.

La science, ajoute-t-il, vit en contradiction intime avec l'art et la religion, avec leurs puissances éternisantes. Mais est-elle fréquentable sans l'éducation ? Doit-on la fréquenter si elle n'est pas éduquée ?

Nous connaissons la position de notre généalogiste sur la question : il affirme que la science n'a pas besoin d'être éduquée. En cela il (1993, p. 281) fait appel à Schopenhauer. Pour ce dernier cité les savants allemands pensent plus à la science qu'à l'humanité. Aussi veulent-ils « se sacrifier à la science comme à une troupe perdue, pour dresser ensuite de nouvelles générations à ce sacrifice. » Par conséquent, pense-t-il (1993, p. 292) la science doit être dirigée et endiguée « par les maximes les plus élevées de l'éducation. » S'il faut éduquer les savants, un problème demeure cependant : il manque des éducateurs. En effet, qui est-ce qui doit éduquer le savant, si ce n'est la science elle-même, cette abstraction inhumaine, selon les mots mêmes de Nietzsche. Certainement le savant vit très mal, et en deçà de l'artiste. Mais n'y a-t-il pas lieu d'opérer une distinction même dans la science ?

Notre philologue-philosophe (1993, 298) distingue la « science pure » des « sciences pratiquées sans aucune mesure et dans le plus aveugle laisser-faire » (1993, p. 308). Ensuite, il met en garde tous les savants contre l'égoïsme de la science, car ces êtres exceptionnels vivent dans une société médiocre. Il fait remarquer, en outre, l'exploitation financière des savants par la société. Aussi, note-t-il (1993, p. 309), « l'homme cultivé n'est dégénéré au point qu'il est devenu le pire ennemi de la culture. » Cette exploitation et ce mal-vivre produisent, non pas des savants authentiques, mais des demi-savants et des quarts de savants.

Plaidant pour que la science elle-même soit libérée de ces demi-sciences et de ces quarts de science, il recommande (1993, p. 353), en outre, que l'on supprime de l'université, les disciplines que les savants n'ont pas en estime. Car il faut de la motivation en toutes choses. Finalement, la critique nietzschéenne serait stérile, si elle ne proposait pas elle-même une conception de la science. Que serait la conception nietzschéenne de la science ?

1.2.) LA CONCEPTION NIETZSCHÉENNE DE LA SCIENCE

Pour définir la science, nous partirons de la Volonté de Puissance I, texte établi par F. Wurzbach et traduit pat G. Bianquis, dans sa 10è édition, chez Gallimard. Nous signalerons chaque fois le chapitre et nous abrégerons l'œuvre selon la manière française (VP). Au chapitre IV, Nietzsche (1937, p. 245) établit l'utilité de la connaissance et de la science. Concentrons-nous sur le second élément. L'utilité de la science est « de faciliter la déhiscence de nouveaux ovules de l'ovaire, et de créer des espèces toujours nouvelles, car la science nous fait connaître les moyens de conservation nécessaires à des individus nouveaux » Mais il faut aussi édifier les limites de la science. A ce sujet, au N° 159, Nietzsche (1937, p. 246) pense qu'il « faut édifier d'abord le rempart de la science et de sa généralité rationnelle, ensuite seulement peut intervenir l'affranchissement des individus. ». Il s'agit pour lui d'absorber d'abord la science. Car cette science a d'abord un but.

Le but de la science, écrit-il (1937, p. 247), est

> de définir le sentiment de l'homme – et non de l'individu – à l'égard de toute chose et de lui-même ; elle cherche donc à éliminer l'idiosyncrasie des individus et des groupes et à déterminer un rapport permanent. Ce n'est pas la vérité mais l'homme que l'on cherche à connaître, à travers toutes les époques où il a existé. La science ne fait donc que continuer le processus constitué par l'essence de l'espèce, et qui consiste à rendre endémiques certaines croyances et à éliminer et à laisser périr ceux qui n'y croient pas.

Aussi, la science consiste

> en quoi l'homme s'est fixé (non pas en quoi les choses se sont fixées, bien qu'elle s'exprime ainsi, de nos jours)...La science de la nature consiste à prendre conscience de tout ce que l'on possède héréditairement, à enregistrer les lois solides et rigides de la sensation.

Quelle tâche se donne alors la science ? Nietzsche (1937, p. 304) écrit :

> La tâche de la science est de déterminer avec une exactitude croissante la succession qui règle le cours des choses, de telle sorte que les phénomènes nous deviennent praticables (comme ils le sont par exemple dans la machine).

A ce sujet, il ajoute (1937, p. 304) la science de la nature

> cherche par ses formules à nous enseigner à dominer les forces naturelles ; elle ne cherche pas (comme la métaphysique) à remplacer par une conception plus vraie, la conception empiriste et sensualiste

Finalement, la conception de la science nietzschéenne peut se résumer en ces deux derniers aphorismes : les n° 349 et N° 351. Pour l'un (1937, p. 305)

> La science, telle qu'on la pratique de nos jours, est un essai de créer pour tous les phénomènes un langage chiffré commun, qui permette de calculer, donc de dominer plus aisément la nature. Mais ce langage chiffré qui résume toutes les lois observées, n'explique rien – c'est une sorte de description des faits, aussi brève (aussi abrégée) que possible.

Pour l'autre (1937, p. 305)

La science cherche à interpréter en divers sens les mêmes phénomènes et à tout réduire au sens dont les perceptions les plus distinctes, au sens optique. C'est ainsi que nous apprenons à connaître les sens, en éclairant le plus obscur par le plus clair.

Que devons retenir de tout ce développement ? Pour notre généalogiste (1937, p. 305)

Notre connaissance est devenue scientifique que dans la mesure où elle peut user de nombre et de mesure. Il faudrait essayer de voir si l'on ne pourrait pas édifier un ordre scientifique des valeurs d'après une échelle numérale et quantitative de la force…Toutes les autres valeurs sont des préjugés, des naïvetés, des malentendus.

C'est pourquoi, pour lui, (1937, p. 308)

On ne peut évaluer la force d'un esprit scientifique d'après la mesure dans laquelle il accepte de répudier l'illusion des jugements et des évaluations absolues, ou est incapable de s'en passer.

Après cet excursus à travers l'œuvre litigieux, la Volonté de puissance, revenons aux œuvres canoniques de Nietzsche. En premier l'ouvrage Humain trop Humain. Il est, à n'en point douter, le lieu d'exposition de la pensée nietzschéenne sur la science. L'auteur part de la question de l'utilité de celle-ci. D'abord, l'observation psychologique lui est d'une grande nécessité. La science ne peut s'en passer. Or ensuite, notre poète (1993, p. 468) ajoute ceci : « La science ne connaît pas les considérations des fins dernières. » ainsi la véritable science nietzschéenne (1993, p. 468) est « l'imitation de la nature en concepts. » Cette définition de la science nietzschéenne appelle un petit commentaire.

En effet, ce que Nietzsche privilégie ici, c'est la nature. Cox Christophe parle de naturalisme dans son ouvrage Naturalism and Interpretation. Pour ce commentateur (1999, p. 69) de Nietzsche,

La mort de Dieu conduit à une sorte de naturalisme, c'est-à-dire à quelque chose d'autre, à un rejet de toutes les structures et de toutes les formes irréelles et à une considération nouvelle de la connaissance et de l'être, à travers un autre monde, celui de la vie, de la nature et de l'histoire.

Le naturalisme, dans la philosophie contemporaine est parfois associé au scientisme. Nietzsche, selon Cox, est critique vis-à-vis de la capacité de la science à rendre compte pleinement de l'expérience humaine. En effet, Cox élabore cette idée selon laquelle le naturalisme de Nietzsche l'a conduit à replacer les principes et les entités métaphysiques et transcendantaux, dans une épistémologie et une ontologie naturalisées. Mais ainsi définie, la science atteint-elle son but ?

Dans Humain trop humain I, Nietzsche pense que la science fait des promesse qu'elle n'arrive pas à tenir. Elle promet, par exemple, d'éradiquer la souffrance terrestre et de donner la vie éternelle aux individus, c'est-à-dire de prolonger la vie terrestre, le plus longtemps possible. Si encore c'était cela la vie éternelle ! Mais le critique de la science(1993, p. 512) poursuit sa réflexion et définit cette vie comme « une sorte de félicité éternelle, à la vérité fort modeste, en comparaison des promesses des religions. Si les religions disputent à la science ses visées théologiques, quel peut être alors l'avenir de la science ?

Nietzsche, dans un texte remarquable d'Humain trop humain I, va se prononcer sur l'avenir de la science. En effet, pense-t-il (1993, p. 575)« la science donne à celui qui y consacre son travail et ses recherches beaucoup de satisfaction. » En revanche, celui qui apprend, en a très peu. Cette souffrance, lors de l'apprentissage disparaît, au fur et à mesure qu'on avance dans l'apprentissage, car ce qui apparaît comme une vérité importante et inatteignable, finit, en fin de compte, par devenir une vérité publique et vulgarisée. Ainsi, la science procure de moins en moins de plaisir, car la source du plaisir qui provient de la métaphysique, de la religion et de l'art, est tarie, parce que la science les rend suspectes. Aussi, dans une civilisation que le philosophe allemand veut supérieure, tout homme doit avoir deux compartiments au cerveau : d'un côté, la science, de l'autre, la culture.

Considérant la science et la culture comme deux valeurs étanches, qui doivent exister côte à côte, sans confusion aucune, le nihiliste (1993, p. 576) en appelle à une exigence de santé. En toute science il décèle la force, l'illusion, les préjugés et les passions, et en toute culture, la modération. La culture est ce qui empêche la science de tomber dans la barbarie. N'est-ce pas ce régulateur qui permet encore à la science de garder toute sa jeunesse,

En effet, le philologue (1993, p. 578) est captivé par le charme juvénile de la science. Aujourd'hui, écrit-il (1993, p. 578) « Nous vivons, il est vrai, encore dans la jeunesse de la science, et nous avons coutume de suivre a vérité comme une belle jeune fille ». Mais cette jeune vérité d'aujourd'hui peut vieillir demain et s'étioler. Quand les rides apparaissent et que la vérité n'attire plus, il ne reste plus qu'au chercheur, « une morne d'automne » (Idem). Mais auparavant le penseur allemand nous apprend que la science exerce un certain pouvoir et non un certain savoir. Cette affirmation n'est-elle pas paradoxale ? Nous ne le croyons pas. En effet ce pouvoir, le scientifique l'exerce « en ce sens qu'il est très précieux…d'avoir été un homme de science. » (1993, p. 578) Par cette réponse Nietzsche ramène chacun de nous à faire son introspection par rapport à la science, à travers ce chapitre d'Humain trop humain qui traite de l'homme avec lui-même.

Notre généalogiste (1993, p. 690) y invite chaque personne humaine « à connaître au moins une science à fond.»Il apprendra ainsi ce qu'est une méthode et combien est nécessaire la plus extrême prudence. Aussi la grande majorité des hommes cultivés demande au penseur des convictions, mais une minorité veut des certitudes. Par conséquent la raison à cette cause est que la science elle-même est « prudente et modeste » (1993, p. 691), parce que la recherche scientifique conduit à la solitude du désert.

Dans Humain trop humain II, le philosophe allemand (1993, p. 716) essaie de nous faire partager cette conviction, en nous montrant que le chemin de la science connaît des marches humbles et pénibles. Au désert le scientifique rencontre parfois des mirages, des illusions, des énigmes, mais aussi des oasis. Il peut s'arrêter aux mirages et connaître la mort, mais il peut aussi faire l'expérience des consolations subjectives qui lui déplaisent et lui donnent un goût amer. Finalement tous les hommes probes de la science, comparés aux hommes religieux, ne sont-ils pas « pauvres d'esprit » se demande Nietzsche ? (1993, p. 735)

En effet si la science n'est pas liée au plaisir de la connaissance, à l'utilité de celle-ci, que nous importe la science, s'interroge Nietzsche ? (1993, p. 736) Si un peu de foi, d'amour et d'espérance ne conduisent pas notre âme à la connaissance, qu'est-ce qui nous attirerait vers la science, se demande Nietzsche, une fois de plus ? (1993, p. 736)

La réponse du critique de la science est qu'il y a en la science un moi loyal et heureux qui signifie quelque chose. C'est cela le plaisir de la connaissance. Mais ce plaisir ne cache pas que la science présente une atmosphère lourde. Le Nietzsche d'Humain trop humain préfère l'air vif, meilleur et sain des artistes, des esprits douillets, à la lourdeur des scientifiques. (1993, p. 773). Mais il ajoute aussi que la science a besoin de natures plus nobles que la poésie. (1993, p. 773). En effet, les natures scientifiques doivent être plus simples, moins ambitieuses, plus retenues, plus calmes, moins portées vers la gloire, sobres.

Dans la nature comme dans la science, pense le nihiliste allemand, ce sont les terrains les plus mauvais et les plus inféconds qui sont défrichés les premiers. (1993, p. 904). En affirmant cela, il essaie une fois de plus, dans ce paragraphe de Humain trop humain II, de mettre en rapport la nature et la science. Pour mettre une terre en valeur, il faut beaucoup de travail et de méthode, des ouvriers bien organisés et bien dressés. Il en est de même pour la science. Mais si l'impatience et l'ambition interfèrent dans le travail des champs, le cultivateur arrive à de piètres résultats.

La science rend lourd prévient le généalogiste allemand (1993, p. 945), dans un avis aux enthousiastes. Dans Aurore, il compare la science à la religion et parle des grands hommes qui ont donné leurs vies à la science, à travers « les luttes, les défaites, les retours au combat des grands hommes. » (1993, p. 1084) Faut-il être tolérant à l'égard de la science ?

Il pense le contraire, car selon son avis (1993, p. 1117), « ce geste de condescendance est une grossière atteinte à l'homme de science. » Avec la science, poursuit-il, il faut être sévère pour ne pas y faire intervenir nos sentiments. Vient alors la conclusion de ce passage : la science est une ombre, un fantôme. (1993, p. 1117) Faut-il y croire ? Puisqu'après la mot de Dieu, la science ait pris la place de la religion dans le cœur des hommes, comme une ombre. Il est temps d'arriver à ce que Nietzsche appelle le Gai savoir.

1.3.) LA GAIE SCIENCE

Le Gai savoir ou encore la Gaie science est le nom que les troubadours toulousains du XIVè siècle donnaient à leur poésie essentiellement consacrée à la Vierge Marie. Il est aussi le nom d'une école de chant et de poésie fondée en 1332 (le Collège de la Gaie science) qui organisait chaque année des joutes poétiques. Le poète allemand (1993, p. 1264) commente ce nom en ces termes dans Ecce Homo :

> Les chants du Prince (Hors-la-loi), composés pour une bonne partie en Sicile (en mars 1882, rappellent très expressément, la conception provençale de la Gaya Scienza, avec cette unité du ménestrel, du chevalier et de l'esprit libre qui différencie cette merveilleuse civilisation précoce des Provençaux de toutes les cultures équivoques. Le dernier poème, en particulier, « Pour le mistral », une exubérante chanson à danser où, avec votre permission, on danse par-dessus la morale, est parfaitement dans l'esprit provençal

La Gaie science est la conception de la science selon Nietzsche, sa sagesse sécrète. Il va en développer les caractéristiques, dans un chapitre d'Ainsi parlait Zarathoustra. Elle est une vertu née de la crainte, (1993, II, p. 524). La science est en outre, « une longue et vieille crainte, enfin affinée et spiritualisée » (Idem). Cette définition de l'enchanteur est néanmoins une imitation de la science zarathoustraénne. Cette science nouvelle est un courage affiné et spiritualisé, un esprit d'aventure et une joie de l'incertitude, ce qui n'a pas encore été hasardé. (1993, II, p. 524).

Dans le chapitre intitulé « l'esprit libre » de la 2è partie de Par-delà Bien et Mal, le nihiliste allemand (1993, II, p. 581) trouve étrange le monde moderne dans lequel il vit, avec ses simplifications et se falsifications. Face à cette superficialité, il a fallu une « inébranlable et granitique assise d'ignorance pour que puisse s'élever la science. » Plus loin il ajoute (1993, II, p. 581) que « la meilleure science voudrait nous emprisonner dans ce monde simplifié, artificiel de fond en comble, inventé et falsifié à notre usage. » mais la meilleure science est contrainte et consentante à la fois. Elle aime aussi l'erreur, parce qu'elle aussi est vivante ; elle aime la vie. (Ibidem)

Poursuivant toujours sa réflexion sur la science, notre généalogiste (1993, II, p. 622) la compare à une femme. Selon lui la femme doit être pudique c'est-à-dire qu'on ne doit pas chercher à atteindre sa pudeur. Ainsi quiconque cherche à regarder sous la peau de la science, sous sa robe et ses atours, porte atteinte à la pudeur de la science. L'histoire de la science particulière laisse apercevoir, selon ses propos, des procédés anciens et communs à tout savoir et à toute connaissance. Que ce soit au niveau du savoir, tout comme au niveau de la connaissance, il rencontre des hypothèses fantaisistes, la bonne et sotte volonté de croire. (1993, II, p. 637)

Dans la 6è partie de Par-delà le bien et le mal, Nietzsche s'élève contre une inconvenante et funeste interversion de rangs qui menace aujourd'hui de s'instaurer entre la science et la philosophie. (1993, II, p. 649) Ensuite il pense que chaque personne a le droit de donner son avis sur la question des rapports science/philosophie, à partir de sa propre expérience. Pour lui, l'homme de science a proclamé son indépendance par rapport à la philosophie, mais ceci est d'une naïveté orgueilleuse. Il en résulte un jugement dédaigneux à l'égard de la philosophie. La raison est que la philosophie allemande à l'époque de Nietzsche offre l'image d'un véritable pot-pourri, un véritable cadavre ambulant, tandis que la science allemande est florissante.

La Dissertation qui a pour titre « Bien et Mal », « Bien et mauvais » de la Généalogie de la morale, pose le problème nietzschéen de l'autre origine du bon tel que l'homme du ressentiment l'a conçu. Cet homme-là en attend une solution concluante. Nietzsche réfléchit alors sur les bons agneaux et les méchants oiseaux de proie et pense qu'il n'y a rien à objecter à cette façon d'ériger un idéal, si ce n'est que les oiseau en question et pensent qu'ils ne sont pas méchants envers les bons agneaux. En termes nietzschéens on peut affirmer que la force est la force et la faiblesse. On ne peut exiger de la force que sa volonté de terrasser, d'assujettir et de dominer. Aussi peut-on séparer la force de ses effets, se demande Nietzsche ? Cette digression est très éclairante pour le débat. Peut-on dissocier la science de son langage par exemple ? ici, la réponse de Nietzsche est péremptoire quand il affirme (1993, II, p. 794) :

> « Notre science toute entière, malgré son sang-froid, son absence d'affect, se trouve sous le charme du langage et n'a pas pu se débarrasser de ses espèces de petits monstres imaginaires qui sont les sujets. »

Ainsi on attribue des effets à l'atome comme à une force qui attire, qui pèse.

Nietzsche poursuit son exploration de la science moderne dans la troisième dissertation, intitulée « Quels sont les idéaux ascétiques ? » de la Généalogie de la Morale. Il pense que l'idéal ascétique a corrompu la goût, la santé et beaucoup d'autres choses. Il veut alors mettre en lumière la signification de cet idéal. Cet idéal, poursuit-il, a d'immenses effets, mais aussi des effets désastreux. Cet idéal exprime une volonté et a un but. Son antithèse, par contre, l'a vaincu sur presque tous les points importants. En effet, pense Nietzsche, la science toute entière porte témoignage. Elle qui est la véritable philosophie de la réalité, n'a évidemment foi qu'en elle-même. (1993, II, p. 877).

La science d'aujourd'hui a évidemment le courage, la volonté d'elle-même et jusqu'ici, elle a pu se passer de Dieu, de l'au-delà et des valeurs négatives. Tout ceci, pour Nietzsche, constitue de l'agitation inutile, un vacarme assourdissant. En réalité, la conscience scientifique est un abîme, le mot science est un vice, un abus, un attentat à la pudeur. Finalement, déclare notre auteur : « La science d'aujourd'hui n'a aucune foi en elle-même, » (1993, II, P. 878) elle n'a aucun idéal. Elle est la force actuelle de l'idéal ascétique et non son antithèse. Un peu plus loin Nietzsche ajoute qu'il n'y a pas de science, en bonne logique, sans a priori. En effet, la seule pensée d'une telle science, poursuit-il, est inconcevable et paralogique. C'est pourquoi, pense-t-il, la science suppose nécessairement une philosophie une foi préalable qui lui donne une direction, un sens, une limite et une méthode, un droit à l'existence. Car, l'homme véridique, selon Nietzsche, est celui de la vie, de la nature et de l'histoire.(1993,II, p.880)

Nietzsche affirme que c'est toujours encore une croyance métaphysique sur quoi repose notre foi en la science. En tant qu'athée et anti-métaphysicien, il se rebiffe contre la foi chrétienne, surtout contre cette idée que Dieu est la vérité et que la vérité est divine. Mais il pense que la science elle-même a besoin désormais d'être justifiée. Dans ce même passage au paragraphe 25, Nietzsche soutient que la science n'est pas l'antagoniste naturel de l'idéal ascétique. Elle n'est pas autonome, car elle a besoin d'une valeur idéale et d'une puissance créatrice de valeurs. Ainsi elle est la force qui entraîne l'évolution intérieure de cet idéal.

La science et l'idéal ascétique, laisse entendre Nietzsche, se tiennent toutes les deux sur le même terrain, celui de la valeur de la vérité. Estimer la valeur de l'idéal ascétique, c'est estimer la valeur de la science. En outre, la bonne conscience, pense Nietzsche, est par principe bien plus opposé à l'idéal ascétique que la science. Mais la science repose sur les mêmes bases que l'idéal ascétique : un certain appauvrissement de l'énergie vitale. Par conséquent, la science moderne est pour l'instant, la meilleure auxiliaire de l'idéal ascétique, et cela, parce que le plus inconscient et le plus volontaire (1993, II, p.882).

Revenant une fois encore sur le problème des sciences naturelles ou contre-nature, Nietzsche(1993,II, p.883) pense qu'elles travaillent aujourd'hui à détruire en l'homme, l'ancien respect de soi, « comme si ce respect n'avait jamais été autre chose qu'un bizarre produit de la vanité humaine.» Il ajoute(1993, II, p. 883) que ces sciences mettent un point d'honneur, leur idéal austère et rude d'ataraxie stoïque, « à entretenir chez l'homme ce mépris de soi obtenu au prix de tant d'efforts, en le présentant comme son dernier, son plus sérieux titre à l'estime de soi. » Dans ce même passage Nietzsche(1993,II, p.883) salue les fameuses victoires des hommes de science. Ces victoires, fait-il remarquer, sont des victoires dont personne n'en connaît l'enjeu. Les hommes de science n'ont donc pas réussi à vaincre l'idéal ascétique car cet idéal s'est trouvé plus fortifié, plus insaisissable et plus spirituel dans cette lutte.

Abordant la question de la science, dans *Le Crépuscule des Idoles*, Nietzsche(1993,II, p. 963) considère le témoignage des sens comme une véritable science à ses yeux. Par exemple, il pense que le nez est l'instrument le plus délicat qui soit au monde mais aucun philosophe n'a parlé de lui avec perspicacité. Le nihiliste soutient ainsi que la métaphysique, la psychologie ou la théorie de la connaissance ne sont pas encore des sciences. Quant à la logique, elle est, à ses yeux, une science formelle ou une théorie des signes. Mais il se pose la question de la valeur de cette convention de signes. Terminant cette réflexion par *L'Antéchrist*, Nietzsche(1993,II, p.1049) se présente comme un esprit libre, qui transvalue toutes les valeurs et déclare la guerre à toutes les vieilles conceptions du vrai et du faux. Sa méthode, souligne-t-il, est une patiente observation que la science actuelle a longtemps méprisée. Poursuivant ses attaques contre la science moderne, Nietzsche épingle aussi la religion, qui lui semble être l'ennemi mortelle de la science. Le christianisme, en l'occurrence, approuve tous les moyens pour empoisonner, calomnier et décrier la science, dans sa pureté, sa rigueur et sa noble liberté. L'impératif de la foi apparaît alors comme un veto contre la science.(1993,II, p. 1083) Nous réservons le meilleur pour la fin : il s'agit de l'exégèse d'un passage de la *Genèse* par Nietzsche.

Nous citons le texte selon la traduction œcuménique de la Bible : « Le Seigneur Dieu prescrivit à l'homme : [Tu pourras manger de tout arbre du jardin, mais tu ne mangeras pas de l'arbre de la connaissance du bonheur et du malheur, car du jour où tu en mangeras, tu devras mourir.] »(Genèse 2,16-17) Nietzsche, selon son interprétation, voit dans cette histoire biblique, l'histoire de la panique de Dieu devant la science. Il poursuit sa réflexion en affirmant que la science vient de la femme, car c'est elle qui a fait manger à l'homme, le fruit de l'arbre de la connaissance. En l'homme, ajoute-t-il, Dieu s'est vu un rival, car la science rend égal à Dieu. Finalement, la moralité que Nietzsche(1993,II,p.1085) tire de cette histoire est celle-ci : la science est la chose défendue en soi. Elle seule est défendue car elle est le premier péché, le germe de tout péché, autrement dit, le péché originel.

Nous voudrions prendre nos distances par rapport à cette exégèse malencontreuse de Nietzsche. D'abord, nous observons que c'est la première fois, dans *Genèse* 2, 17c que résonnent des paroles menaçantes. Le récit originel de *Genèse* 3, que prépare ici *Genèse* 2,9 et 16-17, ne mentionne sans doute qu'un seul arbre (au centre du jardin), ainsi comme le souligne remarquablement le théologien et psychothérapeute allemand Eugen Drewermann,(1995, p.99) « la formule [l'arbre de la connaissance du bien et du mal], vient de 3,5. »

Et notre commentateur(1995,p. 99) de se demander pourquoi « le rédacteur (yahviste) a fait cet ajout, si difficile autant grammaticalement que rédactionnellement. » Originellement, pense-t-il, « l'interdit ne comportait aucune explication précise et il n'y avait pas à en chercher un sens : sa finalité résidait dans la menace : il s'agissait de garder l'homme de la mort. Mais voici que, pour le rédacteur, cette menace de mort est étroitement liée à la connaissance du bien et du mal. »(1995,p.99) Aussi, ne peut-on s'empêcher de se demander la relation entre l'interdiction de manger le fruit de l'arbre et la menace de peine de mort.

Trois interprétations sont à conjuguer pour comprendre la tournure « le bien et le mal ». D'abord, la connaissance du bien et du mal serait l'acquisition du désir sexuel. Ensuite, ce serait l'acquisition de la connaissance morale. Enfin, partant de ces deux pôles, le bien et le mal désigneraient la totalité du connaissable et renverraient donc à l'omniscience. Nous ne pourrons pas entrer dans les subtilités de la recherche exégétique auxquelles le livre de Drewermann nous renvoie, surtout aux pages 99 à 107. Contentons-nous de cibler ses réponses aux préoccupations de Nietzsche.

Par exemple, notre commentateur retient que le fait de connaître, dans la première interprétation, n'est pas une connaissance sexuelle. Le savoir dont il s'agit, devrait être compris comme la civilisation humaine, par la maturité du jugement, la raison. Dans la troisième interprétation(1995,p.101), le bien et le mal, pourrait signifier « tout ». Il s'agirait « d'un savoir portant sur une opposition universelle, sur une contradiction présente en tout. » Drewermann(1995,p.101) note ensuite ceci : « Les humains doivent se garder de chercher dans la magie un savoir sur les forces que la création divine a domptées, car ce savoir serait pour eux perte. » En fin il conclut(1995,p.101) : « A celui qui relève du créé, et non de l'acte créateur, qui ne peut qu'engendrer, mais non créer, il est impossible d'embrasser les contraires en les surmontant et en les dominant. » Ce sont les trois raisons pour lesquelles Dieu refuse à l'homme la connaissance du bien et du mal et en quoi cette connaissance est divine. Poursuivons notre réflexion.

Originellement, Dieu veut (voulait) maintenir l'homme à l'abri, dans une zone que les humains détruisirent lorsque, à l'instar de Dieu, mais sans posséder elles-mêmes sa puissance créatrice, ils touchèrent aux forces de la création, déchaînant ainsi le mal qui gisait en eux. La menace divine sert à maintenir la mort à distance d'un homme qui a à choisir entre la vie et la mort.(1995, p.101) C'est ici que nous arrêtons notre réponse à Nietzsche, pour regarder vers un autre critique, en la personne de Jean-Marc Ela.

2) LA CONCEPTION DE LA SCIENCE CHEZ JEAN-MARC ELA

La critique de la science par Jean-Marc Ela tient dans son ouvrage publié aux éditions l'Harmattan en 2006, et qui a pour titre *l'Afrique à l'ère du savoir : science, société et pouvoir.* Hubert GERARD(2006, pp. 13-14), professeur émérite à l'Université catholique de Louvain, qui en a assuré la préface affirme que Jean-Marc Ela connaît bien la science occidentale et il est au fait des problèmes épistémologiques qu'elle pose. Notre préfacier(2006,p.14) montre que « Jean-Marc Ela n'hésite pas ici à affronter l'institution scientifique dominante pour en dénoncer les faiblesses, les prétentions excessives et l'impérialisme vaniteux, et ouvrir d'autres voies déjà solidement étayées et balisées en leurs débuts. »

Jean-Marc Ela, poursuit le Prof. GERARD (2006,p.14), est un écrivain engagé au service des pauvres, et la finalité de la science et de la recherche est « le mieux-être des populations avant toute considération de carrière personnelle. » Notre professeur émérite insiste sur la puissance de l'institution universitaire, avec ses universités, ses centres de recherche, ses maisons d'édition d'ouvrages, ses revues et ses associations scientifiques, ses congrès… L'institution universitaire a partie liée avec la religion, parce qu'«elle se proclame une et universelle, socialise et contrôle étroitement ceux qui se rangent sous son drapeau et tout ce qui ne respecte pas ses normes est taxé d'idéologie, cette nouvelle hérésie. » (2006,p.15) Pourtant la science se distingue de la religion.

La science n'est pas dogmatique. Invoquant l'autorité de Jean Ladrière, le Prof. Gérard semble dire que les scientifiques eux-mêmes doivent établir leurs critères de scientificité. Cette démarche éthique doit garder sa fonction régulatrice.(2006,p.16) Gérard commente la perspective de Jean-Marc Ela qui est bien africaine. Il (2006, p.16)va même jusqu'à se culpabiliser en disant que par rapport à la science, les Européens ont-ils « laissé l'espace à l'éclosion de ce désir d'indépendance scientifique chez les Africains? » Cette première question rejoint une autre qui est la suivante : « N'avons-nous pas trop souvent confondu rigueur scientifique et conformité à nos critères ou habitudes scientifiques ? » (2006, p. 16) Comment aider alors à l'émergence d'une pensée scientifique africaine ?

Le Prof. Gérard propose la réhabilitation des langues locales dans la production et la communication des connaissances scientifiques. Il demande ensuite que la science ne soit pas un simple habit prêt-à-porter venant de l'Occident, mais tienne compte de l'univers culturel africain. En cela, poursuit GERARD(2006, p. 17), « les scientifiques (doivent être) redevables de leurs recherches à leur population et les amener à centrer leurs efforts sur les besoins et le mieux-être de leurs concitoyens. » L'ouvrage que le Prof. Gérard préface lui apparaît comme un manifeste pour une nouvelle recherche, voire un nouveau paradigme au sens kuhnien. Il est temps à présent de donner la parole à Jean-Marc Ela lui-même.

2.1.) LA CRITIQUE DE LA SCIENCE SELON JEAN-MARC ELA

Après cet avant-propos qui traite des conditions de production des connaissances, de l'histoire de sa vie et de ses questionnements, ELA(2006,p.26) pose sa problématique : « Si la science n'est le monopole d'aucun peuple, comment l'homme africain peut-il justifier sa prétention à devenir un producteur des savoirs scientifiques ? En outre, si l'on considère l'état d'esprit à l'œuvre au sein des sociétés africaines que faire pour élargir les bases sociales et historiques de la science dans les processus de globalisation en cours ? » Le projet de Jean-Marc Ela est donc de renouveler le débat sur les rapports entre l'Afrique et la science en prenant en compte la crise des milieux d'étude et de recherche et préparer les nouvelles générations africaines à participer à l'aventure humaine de l'intelligence en ce début du nouveau millénaire. Dit autrement, pour notre sociologue, il faut réinventer la science en trois étapes car l'appropriation de l'initiative scientifique s'inscrit dans la dynamique des rapports entre la science, la société et le pouvoir dans le monde de notre temps.

Aussi paradoxal que cela puisse paraître, la science ne peut pas donner de définition d'elle-même. Elle est dans l'incapacité de penser sur elle-même et sur ses méthodes. C'est donc à la philosophie qu'elle fait appel pour se définir. Nous ne reviendrons pas sur ces définitions sur lesquelles nous nous sommes mis d'accord dans l'introduction à cette étude.

Jean-Marc Ela(2006, p. 32), après avoir rappelé les définitions de la science, pense que le discours scientifique n'est pas d'une pureté absolue. Le chercheur scientifique, pense-t-il, est un être humain, situé historiquement, socialement et intellectuellement. Aussi, celui-ci ne saurait faire l'économie d'une attitude lucide à l'égard des conditions de production de son savoir.

Pour notre sociologue, le statut de la science est un véritable enjeu. Et il ajoute qu'il n'est pas évident que l'idée de science échappe réellement à l'ethnocentrisme. Le mot science, en effet, témoigne d'une démarche de la pensée liée au destin scientifique de l'Occident. Mais poursuit notre auteur(2006, p.34), l'humanité n'a pas attendu l'Occident pour faire de la science. Puis Ela(2006,p.38) passe en revue les critiques qui montrent la monopolisation de la science par l'Occident et qui disent que la science est le monopole ou l'attribut de l'Occident.

Ici l'Afrique a sa place avec l'œuvre incontournable de Cheikh Anta Diop, sur l'apport de l'Egypte nègre à la science grecque. Jean-Marc Ela évoque ensuite la science chinoise, la civilisation arabe. Ceci a pour conséquence selon notre auteur que l'Occident ne doit pas continuer à affirmer qu'il est le modèle universel à la scientificité.(2006,p.37) Ce monopole, cet impérialisme doit cesser, car tout ne doit pas être soumis au règne du quantitatif.(2006, p. 47) C'est cela qui constitue la crise de la rationalité moderne. Une nouvelle inquisition s'établit alors, celle du tribunal de la raison. En voulant tout lui soumettre, la raison scientifique est exposée à devenir folle. Ela va, en outre, s'en prendre aux nouveaux oracles des temps modernes.

Les nouveaux maîtres à penser du monde sont les prix Nobel ou les médaillés Fields. Dans la mesure où ceux-ci revendiquent le monopole de la rationalité, ces scientifiques sont l'objet d'une véritable vénération. Ils ont réponse à tout, savent tout et sont consultés sur des sujets complexes qui échappent à leurs compétences. Ils apparaissent alors comme les prélats d'une nouvelle église universelle.(2006, p. 49) Jean-Marc Ela critique donc cette tentation totalitaire qui s'empare de ces scientifiques et cet élitisme qui pactise avec l'ésotérisme.

Ici Ela semble rejoindre la critique nietzschéenne quand il révèle(2006,p. 55) que le progrès des sciences, ce rapprochement met en lumière la nécessité d'accorder toute leur importance aux arts, à la musique ou au dessin en vue de la formation de l'esprit scientifique. Il demande qu'on supprime les barrières artificielles et les cloisons étanches entre les arts, les lettres et les sciences : thème propre à Nietzsche Ainsi, l'imagination et le rêve sont une dimension indispensable à l'esprit scientifique. La science, poursuit notre sociologue(2006, p.57), est le produit de l'imaginaire, elle est fille de l'imagination.

La science apparaît, selon Jean-Marc Ela comme une activité beaucoup plus riche et plus ambiguë. Pour lui, la science objective n'est plus à l'abri des assauts de l'irrationnel. Voilà pourquoi il va mettre à nu les tribus scientifiques.

Ce qui intéresse Ela comme Nietzsche, c'est de décrypter la banalité.(2006,p. 66) Ces deux chercheurs insistent sur le temps d'épreuve et d'incertitude dans la découverte scientifique. Ce qui fait dire à Ela(2006, p. 68) « la science s'édifie sur la base d'interrogations sur l'ignorance et l'erreur dont la prise de conscience stimule la recherche et engendre la connaissance. » La science doit tenir compte des échecs, des découvertes manquées, des erreurs commises, des tentations qui n'ont pas abouti. En science, pense cet africaniste, l'échec est plus instructif encore que la réussite.(2006, p.67) C'est pourquoi il nous invite à découvrir la science par le bas. Cette banalité scientifique se conjugue aussi avec l'art du bricolage.(2006, p. 70) Et ceci invite Ela à définir les savants d'aujourd'hui et ceux qui parlent au nom de la science. C'est sa redéfinition des rapports entre la science et la société. A ce propos, notre sociologue veut nous rendre compte des affaires qui jettent des doutes sur les mœurs et l'univers authentique des scientifiques.

Ici, la question du débat est celle-ci : des êtres chevronnés comme des scientifiques, intransigeants, motivés et passionnés pour la recherche de la vérité, peuvent-ils être des fraudeurs ? L'analyse de cette question met en jeu l'ampleur des enjeux, des stratégies et des conflits dans les rapports entre la science et la société.

L'homme de science, dans son cadre de vie qui est son laboratoire ou sa bibliothèque, a besoin de paix. Dans le quotidien de sa vie, il est exposé comme la plupart des individus, à la fraude scientifique « qui remet en cause la capacité d'invention et d'exploration. »(2006, p. 75) Il faut ajouter à ce problème de fraude, un autre qui est celui des publications. A ce sujet Ela écrit(2006, p.77) :

> S'il n'y a pas de découverte sans publication dans une revue scientifique reconnue au niveau international, il faut s'attendre à des affrontements

inévitables avec des patrons qui occupent des positions de pouvoir dans les domaines où la concurrence s'exacerbe et où la soif de réputation, la quête de visibilité et d'honorabilité ou le culte du héros sont une véritable obsession.

Dans un pays comme le Canada où le problème de publications scientifiques ne devrait pas se poser aux chercheurs, il arrive que « (selon Jean-Marc Ela), certains patrons exigent de signer les travaux d'étudiants auxquels ils n'ont nullement participé. »(2006, p.77) Et notre sociologue de protester : « Combien de publications signées de sommités universitaires sont en partie le fruit de travaux d'étudiants, sans qu'il en soit fait mention expressément ?(2006, p. 78)

Il est donc vrai qu'aujourd'hui, la recherche est un business et obéit de plus aux lois du marché. La science est impure de ce point de vue, car elle est l'expression de règlements de comptes, d'espionnage et de plagiats. Aussi, pour notre prêtre sociologue, « faire exister médiatiquement sa recherche est, pour un patron de laboratoire, un outil précieux dans les négociations avec les pouvoirs publics ou les interlocuteurs financiers. »(2006, p. 79) La recherche de plus en plus stagne car les logiques d'institutions entrent en conflit avec les logiques de recherche à travers le système des référents qui contrôlent l'innovation scientifique dans le secteur stratégique de la publication. C'est pour cela qu'Ela affirme sans vergogne « (qu') au lieu de stimuler la recherche, l'institution tend à l'étouffer. »(2006, p. 79)

Dans le rapport à la science, le sociologue africain affirme qu'il faut compter avec les mentalités, les habitudes et les modes d'organisation de la recherche où l'on retrouve les forces d'inertie à l'œuvre dans la vie en société. (2006, p. 79). Il reconnaît aussi que le financement de la recherche est lié à de puissants intérêts. La question qui demeure en suspens est celle-ci : sous le couvert de rigueur, les institutions scientifiques ne constituent-elles pas des forces d'immobilisme et ne favorisent-elles pas le poids de la tradition ?

A ce sujet, Ela fait remarquer que le culte du secret continue de perdurer dans les milieux scientifiques, là où tout devrait pouvoir être explicité et reproduit. Et il ajoute(2006, p. 80)

> (qu') alors que la science, qui est affaire de tous exige un espace public de propositions, de débats et d'échanges critiques, on est frappé par la rétention de l'information et la foi du silence qui domine comme si l'univers de la recherche était fondé sur les principes de la Mafia.

Comment alors demeurer un scientifique authentique ? Pour rester un exemple dans le domaine scientifique, il faut d'abord, nous le souligne, le prêtre et chercheur Jean-Marc Ela,

> non seulement travailler avec obstination et persévérance en assumant les exigences d'une vie d'ascète dans un laboratoire, mais aussi être animé par une passion forte, un enthousiasme permanent et une foi profonde où la recherche puise son dynamisme. (2006, p. 82)

Ensuite la science est une activité collective qui comporte plusieurs tâches(2006, p. 85) :

> mobiliser le monde (produire des données lisibles, manipulables), créer des collègues (produire des personnes capables de comprendre ce que l'on fait et ce que l'on dit), s'allier à des acteurs pluriels que l'on intéresse aux opérations précédentes (l'école, l'Etat, l'industrie...), mettre en scène l'activité scientifique par les relations publiques, la confiance, l'idéologie. »

Finalement, pour Ela, la pratique scientifique est une pratique sociale. N'est-ce pas pour une autre science que plaide Jean-Marc Ela ?

2.2) PLAIDOYER POUR UNE AUTRE SCIENCE

A partir du moment où la science d'aujourd'hui est l'otage des pouvoirs financiers, ne faudrait-il pas la soustraire de ce joug ? A quoi sert-elle et pour quoi faire ? Devant la crise de la science européo-centrée, certains auteurs comme Jean-Marc Ela pensent qu'il faut réinsérer le savoir dans le champ de la vie. En tant que scientifique africain, Ela déconstruit le mythe du nègre qui est un homme de la sensualité et de l'émotion.

En effet, pour Jean-Marc Ela (2006, p. 101),

> La science d'aujourd'hui éblouit ; mais elle rend aussi aveugle dans la mesure même où, en se spécialisant et en renonçant à reconnaître ses limites en raison de ses prétentions à incarner le savoir, elle ne donne qu'un point de vue de la réalité. »

La science occidentale, par ailleurs, n'a rien à apprendre aux Africains sur les questions qui portent sur le sens de leur vie quotidienne. Ela plaide donc pour la fin des ghettos. Il insiste qu'entre les différentes sciences il y ait des interactions, des interférences et de la complémentarité. Mais force est de constater aujourd'hui que l'ordre marchand guide la science. Que peuvent alors faire nos sociétés africaines ?

Depuis la publication de *l'Afrique des villages*, Jean-Marc Ela (1992, p. 11) pense que « pour retrouver la véritable identité de l'Afrique, il faudrait revenir aux villages où la culture ancestrale est restée elle-même, sans changement. » D'autres penseurs comme Akenda KAPUMBA(1996, p. 59) penchent pour une rationalité symbolique africaine que viendrait au secours de la rationalité scientifique occidentale. Aussi peut énoncer sa cinquième thèse de la façon suivante :

> La croissance de la rationalité ne provient pas d'une subordination hiérarchique à un principe de raison ou à une force du symbolisme. Elle est d'abord essentiellement l'intégration pluraliste dans l'interaction de plusieurs symbolismes et systèmes d'orientation différents.

La question que Mazongelo LIDOGO et Dimandja Eluy'a KONDO(1996, p. 80) se posent est celle du type de rationalité développé par les sociétés africaines à tradition orale. La stratégie adoptée consiste, en un premier temps,

> à interroger le concept d'oralité tout en faisant ressortir les implications rationnelles et philosophiques d'un mode de communication ; et, en un second temps, à examiner le rapport entre tradition et expérience, de façon à discerner le sens de la parole au sein de l'expérience intégrale du sujet.

Tout ceci ne constitue-t-il pas, selon Ela, les savoirs des gens de la brousse ? Pour notre sociologue, l'étude des savoirs de la brousse est un domaine immense et inexploité. Les Haussa, par exemple ont fait des recherches poussées sur les noms des animaux.(2006, p. 161) Chez les Camerounais Beti existe un véritable manuel de sciences naturelles. Ces preuves montrent que les Africains ne baignent pas seulement dans la symbolique. Ils ont eux aussi la curiosité scientifique qui les amène à tout observer. Mais la culture unanimiste des Africains peut être un frein à la culture scientifique qui est par essence critique et contradictoire. En Afrique également, il y a un trop grand abandon aux puissances de l'irrationnel. Tels sont les nouveaux défis qui s'imposent à nos universités africaines.

Ici, aussi, une idée chère à Ela est développée : les recherches de nos universités doivent tenir compte de nos milieux sociaux. En un sens,

> La science est loin d'être au centre des préoccupations actuelles des sociétés africaines. Si l'on examine la représentation de la science dans ces sociétés, il faut s'attendre à des surprises dans les différents milieux et institutions académiques. (2006, p. 189)

Il y a partout en Afrique une inadéquation entre la recherche scientifique qui est européo-centrée et le milieu de vie. La recherche à l'université est quasi-inexistante, faute de moyens. C'est ce qui crée la crise d'identité des chercheurs africains. Dépité, Ela écrit (2006, p. 196) :

> Si l'Afrique ne peut se prévaloir d'être le continent du rythme et de l'émotivité exaltée par les écrivains de la négritude, le rapport à la science doit revenir au cœur de toute réflexion sur l'entrée dans le continent noir dans le nouveau siècle.

Il faut pour cela que la recherche devienne une passion dans les universités africaines. Cheikh Anta Diop pourrait être ce levain pour les jeunes africains de demain.

Dans *Cheikh Anta Diop ou l'honneur de penser*, il cite(1989, p. 125) cet illustre savant en ces termes :

Les spécialistes africains, rappelle Ch. A. Diop, doivent prendre des mesures conservatoires. Il s'agit d'être apte à découvrir une vérité scientifique par ses propres moyens, en se passant de l'approbation d'autrui, de savoir conserver ainsi son autonomie intellectuelle jusqu'à ce que les idéologues qui se couvrent du manteau de la science se rendent compte que l'ère de la supercherie intellectuelle est révolue. La compétence devient la vertu suprême de l'Africain qui veut désaliéner son peuple. »

Pour Ela(1989, p. 126), être fidèle à la mémoire scientifique et révolutionnaire de Cheikh Anta Diop, c'est, pour nous autres Africains d'aujourd'hui, nous engager dans la voie de la responsabilité et de la créativité.

Ela va même jusqu'à proposer l'expérience d'une science métisse qui n'est rien d'autre que l'entrée de l'Afrique dans l'ère des réseaux, l'ouverture réelle de la recherche à l'interculturel. A cet égard,

Au lieu que la science interroge les cultures du haut de son universalité, ce sont les contextes socioculturels qui interpellent la science à partir des questions que ces contextes posent aux chercheurs. (2006, p. 352)

La recherche en réseaux n'a de sens effectivement que si elle restaure, selon Ela, la pluralité des regards et la capacité de rompre avec les stratégies et les ruses d'une rationalité close, dominante et destructrice.

Pour conclure, Ela demande de réinventer la science pour construire en Afrique les sociétés où l'être humain peut s'épanouir dans la totalité et la profondeur des dimensions de son existence. Au moment où de nombreux acteurs prennent conscience qu'il n'existe pas qu'une seule recette de la réussite, les chercheurs africains doivent méditer plus que jamais le testament de Franz Fanon : « Chaque génération doit dans une relative opacité découvrir sa mission, la remplir ou la trahir. » (2006, p.407)

CONCLUSION

Au regard de l'analyse que nous venons de faire, nous pouvons retenir que la science d'aujourd'hui fait partie d'un système de production et d'un système politique, son discours même est devenu institution. Pour Jean-Marc Ela, les orientations que la science prend et les conséquences qu'elle entraîne, engagent la responsabilité éthique de la science tant au niveau des scientifiques en tant que tels, qu'au niveau sociétal. Chez Nietzsche, également, la science est une question centrale. Son point de vue est celui d'un philosophe et non celui d'un praticien. Celui d'Ela est celui d'un sociologue. Nietzsche, tout comme Ela, insistent sur l'historicité des sciences, faite de tâtonnements, de réfutations, de débats, de théories formulées et remises en chantier, de rôle joué par les institutions.

Nietzsche, en parlant de l'esprit scientifique, pense à « cette foi en la possibilité de pénétrer les lois de la nature et en la vertu de panacée accordée au savoir. »(1993,I, p. 96) Pour lui, l'homme scientifique renferme un véritable paradoxe.(1993, I, p. 185). Cet homme se comporte comme « s'il était un des fiers désœuvrés du bonheur, comme si l'existence n'était pas une chose funeste et grave, mais un patrimoine garanti, pour une durée éternelle. »(1993, I, p. 185) Nietzsche(1993,I, p.185) ajoute ceci :

> « Il croit pouvoir se permettre de gaspiller une vie à élucider des problèmes qui, somme toute, ne devraient compter que pour quelqu'un qui serait assuré d'avoir l'éternité devant lui. »…

Chaque pas en avant devrait lui remettre ces questions en mémoire : D'où venons-nous ? Où allons-nous ? A quoi bon vivre ? Ces questions se retrouvent aussi dans le critique élaienne. Jean-Marc Ela(2006, p. 94) se pose aussi la question : « La science pour qui et pour quoi faire? » Car selon lui, l'esprit critique tend à disparaitre chez les professionnels de la science et l'homme de science devient un homme-masse typique de notre siècle.

Finalement, tous les deux critiques se rejoignent pour dire que la conscience scientifique est un abîme ; le mot science dans les gueules des tapageurs, est simplement un vice, un abus et un attentat à la pudeur. La science d'aujourd'hui n'a plus foi en elle-même. Ainsi pour penser et connaître la science Nietzsche et Ela pensent qu'il faut conjuguer quatre points de vue : la théorie, l'expérimentation, la société et la culture. Dans un passage intitulé « Rendre la science aux citoyens » Ela écrit : « Pour participer à ce travail d'invention, le scientifique ne peut ignorer les préoccupations des citoyens. Cette attitude s'impose à toutes les sciences. »(2006, p. 363)

BIBLIOGRAPHIE

Kapumba AKENDA(1996), « Rationalité comme élaboration croissante des symboles » dans « Philosophie Africaine : rationalité et rationalités » Recherches Philosophiques Africaines n° 24. Actes de la XIVè Semaine Philosophique de Kinshasa du 24 au 30 avril 1994, Kinshasa, F.C.K .

Christoph COX(1999) Naturalism and Interpretation University of California Press, Berkeley and Los Angeles

Eugen DREWERMANN(1995), Le mal. Structures et permanence. Tome 1. Traduit de l'allemand par Jean-Pierre Bagot, Paris, Desclée de Brouwer

Jean-Marc ELA (1989), *Cheikh Anta Diop ou l'honneur de penser* Paris, l'Harmattan,

Jean-Marc ELA(1992), L'Afrique des villages Paris, Karthala,

Hubert GERARD(2006), « Préface » à Jean-Marc ELA(2006), L'Afrique à l'ère du savoir : science, société et pouvoir Paris, l'Harmattan 2006

Olof GIGON (1961), Les grands problèmes de la philosophie antique Paris, Payot

Alexandre KOYRE(1986), De la mystique à la science. Cours, conférences et documents 1922-1962, Paris, Editions de l'EHESS

Lidogo MAZONGELO (1996) et Eluy'a DIMANDJA, « Oralité et Rationalité » dans « Philosophie Africaine : rationalité et rationalités » Recherches Philosophiques

Africaines n° 24. Actes de la XIVè Semaine Philosophique de Kinshasa du 24 au 30 avril 1994 Kinshasa, F.C.K
Friedrich NIETZSCHE(1993), Œuvres Complètes, I, Paris, Robert Laffont
Friedrich NIETZSCHE (1993), Œuvres complètes II, Paris, Robert Laffont
Friedrich (NIETZSCHE) (1938), La volonté de puissance, I, Paris, Bianquis, Gallimard
Friedrich (NIETZSCHE) (1938), La volonté de puissance II, Paris, Bianquis, Gallimard
Pietro REDONDI(1986), « Préface » à KOYRE(Alexandre).- De la mystique à la science. Cours, conférences et documents 1922-1962 , Paris, Editions de l'EHESS

POUR UN ACCOMPAGNEMENTDE LA COMPLEXITE : LE CONCEPT DE L'EGYPTE, COMME APPEL DE L'UNIVERSEL, CHEZ JEAN-MARC ELA, DISCIPLE DE CHEIKH ANTA DIOP

Sévérin Yapo,
Université Félix Houphouet Boigny, yapson7@yahoo.fr

RÉSUMÉ

Pour Martine BEAUVAIS(2001), l'« accompagnement » vers une telle réalisation de soi dit l'urgence d'une pensée de la « complexité », comme vecteur d'auto-construction libérant le soi dans la réalisation du pro-jet. Ce concept beauvaisien de projet, originellement inscrit dans les sciences de l'éducation, est un dialogue avec la philosophie moderne du sujet ; il est redevable aux conceptions sartrienne, lévinassienne et de H. Jonas, de la liberté, de la responsabilité et de la sociologie, en vertu du concept d'autonomie-dépendance, qu'il emprunte au E. Morin de *La Méthode,* 6.

Une vision de la complexité est offerte chez J. CLENET(2005), là où construire l'humanité exigera la médiation d'une éducation se concevant comme l'avancée par co-construction d'un biais respectueux, en *soi* comme en tout *autre*, d'une altérité qui s'offrira, à partir de Kant, comme liberté.

MOTS CLEFS :

Jean-Marc Ela, Égypte, accompagnement, complexité

ABSTRACT :

For Martine Beauvais, the accompaniment towards a realization of oneself says the urgency of a thought of complexity, like vector of self-construction, realizing it to oneself in the realization of a project. This concept of project, in the beginning registers in sciences of education is a dialogue with the modern philosophy of the subject; it is indebted of conceptions of Sartre, Lévinas, Jonas and freedom, responsibility and sociology. The vision of complexity comes from Clenet. He builds an education which is conceived like the projection by construction of a respectful skew, in oneself as a very other an otherness which will be offered, from Kant, like liberty

KEY WORDS :

Jean-Marc Ela, Egypt, accompaniment, complexity

INTRODUCTION : NOTRE POSTULAT DE DEPART

En partant du postulat que la civilisation grecque, européenne, peut être l'héritière en bien comme en mal de la civilisation égyptienne, notre hypothèse de travail, en cela aporétique, sera celle de la nécessité d'un retour aux fondements civilisationnels de l'Education, laquelle pourtant sera appréhendée comme complète dans le système d'Aristote, bien que transportant les germes de sa propre perversion ultérieure, dans le Moyen-âge chrétien. C'est aussi parce que penseuse de son système d'éducation, l'Europe contemporaine(JEANMART,2007, p. 14) interroge les chemins perdus de ce retour au fondement grec, ainsi que le fait l'Afrique…en la même matière, qu'il convient de poser dans la problématique des conditions de possibilité de l'unité du projet de l'éducation tant en Europe qu'en Afrique, les enjeux du retour aux *sources d'une libération* de l'homme d'aujourd'hui pour un avenir plus radieux. Face à l'exigence de cette libération comme projet radical, n'est-il pas opportun de dénoncer les concessions que la rationalité occidentale, de concert avec Aristote(La Politique, chap. I), a faites à l'esclavage ?

On aura dès lors compris que pour Jean-Marc Ela, dont il s'agira dans la présente étude de commenter la pensée, c'est parce que depuis Aristote l'on a fait comme si l'esclavage était acceptable, que l'Europe, en devenant chrétienne, a maintenu avec Paul l'esclavage, intégrant l'esclave de naissance à la normalité d'une certaine(Repenser la théologie chrétienne, p. 61) chrétienté, oublieuse qu'est cette *Européanité* qu'on ne peut naître esclave en Eglise, vu que l'ordre spirituel, en soi, se distingue de l'ordre charnel et qu'en conséquence la catégorie sociale de l'esclavage est une non-catégorie de ce qui relève de l'Esprit. Aussi, notre propos voudra-t-il nommer le purement spirituel à partir de J.-M. Ela envers qui nous sommes reconnaissant de nous en fournir l'argumentaire ce, à travers l'idée de l'esclavage économique, politique et culturel des Africains vivant de nos jours en dessous du Sahara ; situation historique antithétique de ce que, conformément à l'*essentialité,* Kä Mana nous fera voir sous le signe de la cohérence unitaire de l'éthique, de la religion et de la politique pour une *Egypte-Afrique* auparavant libre.

En comprenant l'Egypte comme ce domaine « nouveau » de pensée et d'action vers lequel tentent de converger les quêtes actuelles, tant occidentales qu'africaines, de l'origine, ne vient-il pas que l'Egypte est d'abord un concept, et qu'à ce titre bien le penser serait le moyen pour l'Europe, idéellement amie de l'Humanité, de se maintenir, comme servante de la Raison Universelle ? Autrement, comment justifier que l'Afrique, fille d'une Egypte autrefois glorieuse et amie de l'Universel, soit aujourd'hui perdue, loin du rayonnement de ses origines pharaoniques, unitaires ? C'est en interrogeant avec Ela les moyens de maintenir l'humanité : une, mais en auto-division personnelle ou communautaire, que se trouvent peut-être des voies de sortie de l'impasse pour notre époque, dont l'agitation est aspiration à l'unification. Ce faisant, l'enjeu de ce texte est celui d'un regard qui saura se réajuster, par dépassement du nombrilisme africaniste ou occidental, lequel prétexterait de la coloration égyptologique de Jean-Marc Ela pour douter de sa filiation universelle.

I) INCOHERENCES AXIOLOGIQUES DU SYSTEME OCCIDENTAL D'EDUCATION

Autant que son élève : l'Afrique, l'Occident instituteur est axiologiquement perdu…et c'est d'abord en sa genèse qu'il faudra quêter l'origine de son mal. L'Occident éducateur est en effet le produit d'un hybridisme politico-religieux, alliage d'une *politique* d'alliance d'intérêts avec des peuplades barbares qu'elle *évangélise* aux fins de se les agréger dans une optique tout extérieure à la noblesse spécifique au projet du Christ ; comme on le verra, l'Occident voudra se prémunir de la brillante civilisation romaine, impérialiste… Il gardera toutefois en mémoire d'une façon confuse cependant, l'idéal aristotélicien d'une citoyenneté antique d'hommes libres.

En son rêve d'une humanité éduquée donc, l'Europe apparaîtra comme libre. C'est plutôt du côté de sa politique d'éducation qu'il faudra chercher son tort. Ainsi qu'en témoigne la philosophie contemporaine de l'éducation, européenne, représentée ici par Gaëlle Jeanmart(2007, p.13) :

Pour ce qui concerne l'organisation de l'enseignement, nous sommes des médiévaux. Pour ce qui concerne l'idéal de formation et la théorie de l'éducation, nous sommes des Grecs .

Les systèmes pédagogiques européens ont de fait leur origine comme dispositifs, dans l'organisation monastique. Il faut, avant d'aller plus avant, mettre en lumière cette thèse.

I.1) DESORDRE DU SYSTEME PEDAGOGIQUE EUROPEO-MONASTIQUE

En prenant appui sur l'exposé de G. Jeanmart tel qu'il se délivre dans sa *Généalogie de la docilité*, on découvre justement que les « systèmes pédagogiques chrétiens »(Ibid., p. 93), qui débutent en 376, parviennent à accompagner le pouvoir séculier dans son souci de prémunir la société occidentale « de la culture païenne »(Ibid.) distillée par les invasions ayant déferlé sur l'Occident et entraîné en 476 la chute de l'Empire romain, parce qu'au plus fort des invasions les monastères sont restés les seuls foyers d'études.

Par la suite lorsque clercs et moines se donnent pour charge d'éduquer une Europe constellée de mondes païens, c'est dans le dessein bien précis, qui est celui de l'Eglise en lutte contre la « brillante civilisation romaine », de s'allier ces « peuplades barbares »(Ibid.p.94)

… Les nouveaux barbares, les esclaves contemporains de l'Europe, ne dirait-on pas après J.-M. Ela que ce sont les Africains ? C'est en ce que le système pédagogique de l'Eglise en Afrique, complice diplomatique de la politique économique et de l'économie politique occidentales, cautionne l'esclavage comme catégorie sociale devenue catégorie raciale dans le cas de l'Afrique, que le système pédagogique aristotélico-thomiste devra être perçu comme humainement incohérent et intenable.

Pour ceux qui voudraient le contester en se complaisant de la situation actuelle, il reste à se convaincre que de toute façon, en tout peuple, il est une classe d'esclaves, à moins que ce ne soit tous, les chefs y compris, qui le soient devenus, ainsi que le dirait radicalement M. Heidegger(1980). Il n'y a qu'à se figurer le nombre de suicides sur les lieux de travail -y compris chez les agents d'insertion professionnelle en Occident aujourd'hui, pour se rendre à l'évidence de la nécessité d'une refonte du système mondial de formation et de culture professionnelle.

Le système d'éducation en Occident souffre donc d'une difformité congénitale. Il est issu d'un mariage contre nature : idéal de libération (grecque) et pratique d'asservissement (monastique) s'y enchevêtrent. ...Petite remontée généalogique dans le temps, donc.

I.I.2. REGARD GENEALOGIQUE SUR LA DOCILITE

Si par la spécificité de leurs méthodes respectives, Grecs et Médiévaux s'opposent, en revanche l'esclavage est l'état premier de tout homme, thèse foncièrement aristotélicienne : « L'enjeu de la théorie aristotélicienne de l'éducation réside dans la définition d'un art de gouverner qui soit art de conduire à la liberté des êtres assujettis à leurs passions » (JEANMART,

2007, p. 11) Tout tient dans le désir soit de rendre libre de l'esclavage intérieur soit d'en profiter à des fins inhumaines.

I.1.2.1. L'ALIENATION DANS LE SYSTEME PEDAGOGIQUE MEDIEVAL

Afin de nous mettre au diapason de sa grille de lecture du système pédagogique occidental, G. Jeanmart écrit :

> La perspective quasi-structurale et généalogique de cette étude s'accompagne d'une vision de l'histoire plus déconstructive que constructive, plus proche de Nietzsche ou de Foucault que de Durkheim (…). Nietzsche appelait de ses vœux une archéologie de la pédagogie qui permette précisément de sortir des évidences actuelles et de se détourner des établissements pédagogiques actuelles ». (Ibid. p. 15)

C'est que l'homme d'aujourd'hui doit d'abord « désapprendre ce qu'il sait », pour ensuite « se fixer un but nouveau ». La nécessité de ce désapprendre provient de l'évidence que les principes fondateurs de l'éducation actuelle sont biaisés. En leurs origines grecques, ces principes sont positifs, en tant que dans la forme, ils visent à libérer le sujet de ses passions et d'en faire un être conforme à la raison, principe de liberté. JEANMART (Ibid., p. 11) écrit à ce propos ceci :

> Autour d'Aristote, la problématique envisagée est celle du dépassement de la tension interne à la relation d'enseignement entre l'obéissance requise et la liberté apprise : comment exercer un pouvoir assujettissant sur de futurs hommes libres sans pour autant les asservir ?

Alors qu'elle salue chez les Grecs l'éducation comme formatrice de citoyens à même de délibérer dans une assemblée d'hommes libres, Jeanmart se désole que depuis qu'elle a tété aux mamelles des moines médiévaux, « l'éducation ne vise plus le développement de la raison mais la soumission de la volonté. »(Ibid. p. 13)

Dans la seconde partie de sa *Généalogie de la docilité* G. Jeanmart critique le dispositif pédagogique monastique dont elle explicite aussi les règles. Présentant « l'esprit de la formation monastique » (p. 93-154), elle restitue l'assise progressive des chrétiens qui balaieront progressivement toutes les cultures païennes antérieures et installeront le monachisme de leur modèle éducatif propre : *d'abord* par l'ascèse (érémitisme) désertique (anachorétisme) qu'ils rendent *ensuite* communautaire (cénobitisme) sous l'idée de l'Institution comme corps aux pratiques minutieusement réglementées : les moindres instants des journées du moine sont ainsi occupés.

La Bible est par conséquent exaltée comme unique source de culture, bible dont la lecture psalmodiée et ruminée hantera l'âme du moine si le travail manuel ne l'a pas encore abruti. La docilité a pour finalité de pousser le moine à renoncer à son œuvre propre au profit de l'œuvre de Dieu. L'exemple d'obéissance du Christ à son Père est alors exalté, cependant qu'ici il ne faut obéir qu'à un homme : le curé en l'occurrence.

En s'appuyant sur le postulat analogique de l'unité dans l'esclavage de l'Afrique avec les peuples barbares du Moyen-âge, on transférera sans grand' peine les catégories de l'aliénation sur le terrain africain. G. JEANMART(2007, p.10) écrit :

L'éducation monastique est conçue comme l'apprentissage des attitudes requises devant le contenu doctrinal du christianisme et devant l'autorité des maîtres .

La transition n'est-elle pas trouvée pour traiter du dogmatisme et de l'autoritarisme tels qu'ils s'exprimeront en Afrique ?

I.1.2.2. L'UNIVERS CULTUREL MONACAL AFRICAIN

Deux données régulent l'enseignement monastique : « la doctrine du christianisme » et « l'autorité des maîtres ». Relativement à l'obéissance au maître, JEANMART(2007, p. 10 à11) écrit :

Obéir au maître, ce n'est plus comme chez Platon et Aristote soumettre le désir à la raison, c'est abandonner toute volonté propre ».

Ici se rappelle à notre souvenir le personnage de Méka qui, dans *Le vieux nègre et la médaille* de l'écrivain Ferdinand OYONO(1956), après avoir renoncé à ses terres qu'il a offertes pour la construction de l'église, *d'abord*, prend place dans le fin fond de l'église construite, par humilité déraisonnable et aussi par conformation de son agir à la vision de sa personne sous la catégorie de l'homme-poussière comme unique déterminante de son être-homme.

Quand vient *ensuite* le jour où il doit recevoir sa médaille - non des mains du prêtre mais de ceux de l'administrateur colonial, par où l'on voit que religion et politique n'ont jamais cessé d'aller de paire, distinction reçue pour services rendus -à l'Eglise ? à la politique coloniale ?- le vieux nègre attendra de longues heures *Sous le soleil de Satan* ;(1982*)* la sueur -résultat de son travail aliéné, n'ayant de cesse de dégouliner de son front d'esclave -de Dieu ?

Pour un Méka à la volonté propre supprimée, *En attendant Godo,* il attend *son* dieu…n'est-ce pas que, panthéiste, Méka croit que c'est la volonté de Dieu qu'il demeure là à attendre car, comme ironiserait JEANMART(p. 11), « l'existence de sa propre volonté dépendait entièrement de la volonté de Dieu ». Quelques temps plus tôt déjà, sur le chemin vers le lieu de réception de la médaille, notre Méka, lorsqu'il reçut une crotte d'oiseau qui le salit, pensa que c'était le signe de la providence, et que le bonheur en effet lui était vraiment promis -par qui ? la fatalité ? J.-M. Ela peut citer Cheikh Anta Diop : « Le poison culturel savamment inoculé dès la tendre enfance est devenu partie intégrante de notre substance et se manifeste dans tous nos jugements ». Méka, noir, n'est-il pas plus moine que les moines, blancs ? Méka n'a plus de mémoire. Méka n'est l'homme d'aucun peuple. Méka est apatride.

A l'image d'une Europe militairement polie et policée, toute la société africaine est devenue cet immense monastère moyenâgeux décrit par G. Jeanmart. Méka, prototype du panurgisme africain, est en effet fort docile. Que l'histoire de l'éducation en Afrique soit celle de la généalogie d'une telle docilité, comment cela apparaîtra-t-il sous la plume de J.-M. Ela ? Avant de s'attaquer à cette question, il sied d'interroger la problématique de la liberté en regard de l'esclavage dont l'on sait qu'elle était admise dans la cité grecque antique.

II. PROBLEMATIQUE DE L'ESCLAVAGE DANS L'EDUCATION

III. 1. L'INTERPRETATION PAR G. JEANMART DE LA QUESTION DE L'ESCLAVAGE NATUREL CHEZ ARISTOTE

Dans le livre de G. Jeanmart, nous lierons ici la séquence intitulée « Théorie aristotélicienne de l'esclavage et de la liberté », qui occupe des pages 60 à 69. Une proposition forte ouvre l'interprétation que propose Jeanmart ; celle-ci : « Pour Aristote, l'esclave ne l'est pas par sa naissance mais par ses pratiques ».(Ibid. p. 61) Rangeant Aristote du côté de penseurs comme Sophocle, Thrachiniennes, 61-63 et Euripide, Hélène, 730 ; Ion 854-856) JEANMART(p.61) est d'avis que « le fait de naître esclave » ne signifie pas « nécessairement que l'on soit privé des qualités de l'homme libre ».

Partant, elle témoigne du caractère acceptable de l'esclavage si celui-ci n'est pas imposé par la loi. Elle cite Aristote, Politique 1255b12-15 : « Il y a avantage et amitié entre un esclave et son maître quand tous deux se jugent tels ». Afin de clarifier la position d'Aristote, JEANMART (p. 62) lève l'équivoque : « Il n'est pas question, pour Aristote, de soutenir que les esclaves sont dociles parce qu'ils n'ont pas la raison (…). Pour lui l'esclave est, comme tout homme, un être rationnel ».

La nuance provient de la manière dont l'esclave et le non esclave usent de leur raison. Le premier, intempérant, n'a pas la totalité de la capacité délibérative ; le deuxième, le *phronimos* (le prudent), a l'aptitude politique qui consiste à « établir une longue chaîne de moyens conduisant à l'accomplissement du bien anhypothétique » (Ibid. p. 68)Quant à l'intempérant, il ne peut que réagir au cas par cas à la diversité des situations auxquelles il s'affronte, du fait de la dispersion de sa vie.

Toutefois, n'est-ce pas quand Ela se demande « si le christianisme antique et moderne est jamais sorti de l'univers aristotélicien de l'esclavage » (Ibid. p.61) qu'il apparaît impérieux d'en venir au délit et du système éducatif, et de la théologie moderne, héritière et du Moyen-âge et de l'Antiquité.

II.2. UNE HISTORICITE THEOLOGIQUE OCCIDENTALE COPIEE SUR L'ORDRE SOCIAL

Pour Ela(Ibid., p. 61), les Eglises d'Occident, leurs théologiens avec, interprètent la Bible sur fond d'histoire sociale. Leurs exégètes « assument pleinement la culture dominante qui fait de l'esclavage le fondement de l'économie ancienne et moderne ».

C'est que « Pour la Bible il s'agit de parler de Dieu, non à partir de la création, mais d'abord à partir de l'histoire où il se révèle dans la délivrance de son peuple »(Ibid, p. 58). Vu que depuis la révélation du Christ, Dieu a pour peuple l'Univers entier appelé à entrer dans le salut réalisé dans et par le Christ, rectifiant par là le parti-pris du dogmatisme théologique, le Dieu qui relève tous les défis, accepterait, selon Ela, de se dire dans une histoire de libération, libération de tout peuple et de tout homme.

Ela(ibid) part en effet de l'exemple paradigmatique et pédagogique du peuple juif, esclave en Egypte, écrivant ceci :

« Compte tenu de l'horreur que constitue le drame de l'esclavage dans la mémoire juive, nous ne pouvons imaginer un seul instant que Moïse (…) se permette de dire aux Hébreux d'accepter leur condition et, en définitive, de renoncer à toute tentation de révolte en faisant de la soumission et de l'obéissance à leurs tyrans une véritable vertu ».

Ela(2003, p. 59) d'ajouter que « Les convertis du judaïsme ne peuvent avoir oublié la vie dure imposée aux esclaves en célébrant la Pâque et en relisant l'Exode où l'on décrit l'oppression des enfants d'Israël dans l'Egypte pharaonique ». Dès lors, fort critique à l'égard de l'esclavage, Ela prend à témoin le discours d'Etienne qui, dans son martyre, fait de Moïse la figure et le prototype de Jésus. L'auteur souligne en conséquence que :

Les premiers chrétiens ne peuvent ignorer ce que signifie l'esclavage pour la vie d'un peuple. Plus que tout autre, Saul de Tarse, partisan farouche de Dieu » et disciple de Gamaliel (Ac 22, 4) (…) est bien placé pour comprendre le drame de l'esclavage à partir de l'expérience d'Israël. »

On sait bien que Paul a été nourri de la philosophie grecque, fille de son temps et pour qui l'esclavage va de soi.

II.3. DU CONSERVATISME SOCIAL DE LA THEOLOGIE CHRETIENNE, ESCLAVAGISTE

Pour J.-M. Ela(Ibid, p. 63), l'Evangile de Jésus-Christ remet en cause tout ordre social : « En fait, la théologie de saint Paul n'a rien de révolutionnaire. On entrevoit tout le paternalisme encouragé par une religion qui tend à se confondre avec le conservatisme social ». Ela(Ibid) fustige l'idéologie de Paul, qui se complaît en la légitimation des pratiques de *sa* civilisation, ne s'attaquant nulle part au « droit de l'Empire qui fonde l'esclavage dans le monde hellénistique ». Pierre non plus n'est pas innocent : « Serviteurs, soyez soumis avec une profonde crainte à vos maîtres (…) » (1 P 2, 18), la tradition patristique encore moins ; citant à ce propos les *Catéchèses* de Cyrille de Jérusalem, Ela(Ibid., p. 64) restitue ceci : « Si tu es esclave ou pauvre, n'en conçoit pas de honte (…) ». Le Moyen-âge ne verra pas s'améliorer les rapports interhumains, bien au contraire. S'en référant en dernière instance à Augustin chez qui affranchir « ton » esclave « parce qu'il t'a été fidèle en toutes choses » (Ibid., p. 63), est un témoignage de la charité du Christ, Ela observe que le christianisme n'a jamais remis en cause l'institution de l'esclavage. Et enfin quand Constantin se convertira, le christianisme deviendra simplement la religion d'un Etat qui en viendra même à durcir son attitude à l'égard des esclaves.

Lorsqu'il veut traiter des « oubliés de la terre » -titre des pages 66 à 79 de son texte : *Repenser la théologie africaine*, désignant par là les Noirs, Ela(Ibid., p. 66) commence par ces mots :

En considérant l'autorité de saint Thomas d'Aquin reçue avec la tradition esclavagiste d'Aristote, on ne peut s'étonner du rôle de l'Eglise dans la traite des Noirs. La caution qu'elle a apporté à cet horrible trafic s'inscrit dans la tradition patristique et scolastique ».

Le contexte est le suivant : les Slaves se sont convertis à l'Evangile -d'une façon ironique être sous esclavage est le signe d'une malédiction liée au péché et dont l'Eglise accompagne l'exécution. Il faut chercher d'autres *damnés de la terre* pour satisfaire aux caprices de l'Occident chrétien. En partageant le monde au XVè siècle, le Vatican prépare le terrain africain au commerce européen aux lendemains de la conférence de Berlin. La controverse de Valladolid (1550-1551), sur ordre de Charles Quint, a en effet été le théâtre d'un débat des théologiens sur la légitimité de la conquête du Nouveau Monde. Paul III, *Sublimis Deus* (1537), y appelle au respect des Indiens. Las Calas, confessant la barbarie faite aux Indiens, dits être capables de s'ouvrir au christianisme, incline plutôt à un remplacement des Indiens par les esclaves noirs. Désormais, ce sont les descendants de Cham qui portent le malheur du monde : « Au sein des nations chrétiennes, l'esclavage des Noirs n'est que le juste châtiment mérité par la descendance de Cham le maudit ». Ela l'illustre par le discours de Lamenais qui, en 1839, écrit : « Il était dans les destinées que la race humaine blanche sortît peu à peu de ses fers ceux à qui l'antique anathème prononcé sur la tête des descendants de Cham, selon l'Ecriture, ne promettait qu'un esclavage éternel. »

En somme, si les esclaves en Grèce l'étaient de par leur naissance, l'Afrique esclave l'est par sa race, inféodée des suites d'une prétendue faute multiséculaire de ses ailleuls ; en témoigne socialement, son identifiant : la couleur de sa peau. On comprend que l'argument de l'apport de la civilisation est un prétexte qui cache la vision occidentale du monde et les préjugés qu'elle renferme.

II. 4. SYMBOLISME FICTIONNEL ROPEOCENTRISTE

On sait que l'imaginaire est un vecteur de créativité indéniable. Il reste notoire à ce chapitre que l'anthropologie occidentale est victime d'une vision étriquée de l'homme noir. Mauvaise élève de l'ontologie catégoriale aristotélicienne, en une confusion des essences et des accidents, elle croit que Noir est synonyme de mauvais. Pour Ela, comme cela apparaîtra, le symbolisme africain est combattu par l'Europe qui l'a remplacé par un certain symbolisme de la négativité. Comment cela ?

Pour J.-M. Ela (1985, p. 69), « toute la pédagogie scolastique et universitaire de l'Occident pénalise le symbolisme et voue la pensée symbolique à la dérision »; d'où un impératif missionnaire : « « délivrer » le christianisme, en Afrique, de la captivité à laquelle l'a conduit la tradition scolaire et conceptuelle de la dogmatique occidentale »(Ibid., p.68). Car, « En jouant le jeu de cette théologie, le christianisme s'est conformé, en Afrique, à une sorte d'iconoclasme qui a conduit à la perversion des symboles en simple allégorie »(Ibid).

En suivant le propos de J. M. Ela, on dira qu'en réalité, en s'opposant au symbolisme africain, la théologie chrétienne s'applique à du symbolisme. Contre le symbolisme de la relation du Noir à l'Être se dresse un autre symbolisme, plutôt fictionnel. Quelle est cette fiction européenne ?

Pour J.-M. Ela(1989, p. 72) lecteur en cela de Ch. A. Diop, le symbolisme fictionnel consiste pour l'Européen à continuer, à la place des Noirs d'Afrique, de « rêver à un monde stable ayant échappé aux perturbations de l'histoire ». Le mauvais symbolisme se donne ainsi comme cette science-fiction qui fait du Noir le symbole du mythe ; là où est conféré à l'idée du mythe une connotation péjorative. Il s'agit de la fiction qui veut que Noir soit synonyme de mal et Blanc, marque du bien en soi.

Si noir est moins noble que blanc, c'est de façon logique que le berceau de l'humanité est le lieu de l'enfance. Et qui dit enfance dit immédiateté presque animale. C'est Ch. A. Diop qui écrit :

Les Noirs apparaissent comme le passé de l'Européen, un peuple d'enfants qui en serait resté au premier matin du monde, enfermé dans l'immédiateté, le biologique et le vital, incapable d'évoluer et condamné à la répétition propre à l'univers du mythe.

Ainsi que le rappelle J.-M. Ela(Ibid., p. 50), ce discours qui est celui de Hegel, derrière son apparente conceptualité, n'est rien d'autre qu'un propos idéologique :

« Ce que l'on prend pour de la « dialectique » n'est qu'une reprise des thèses des vieux colons ayant séjourné en Afrique où la recherche du profit immédiat ne laisse guère de temps à consacrer à la vie de l'esprit ».(Ibid. p. 51)

Quand l'on sait que pour Aristote, l'un des premiers penseurs occidentaux de la liberté humaine, être arrimé à la poursuite des biens économiques élevés au rang de fin dernière, est la marque d'un esclavage intérieur, n'est-on pas conduit à s'interroger sur les buts poursuivis par les discours européocentristes sur l'Afrique, de même que leur origine véritable ?

Pour Ela, il ne faut espérer voir le regard que les Occidentaux portent sur l'Afrique connaître un certain progrès, les préjugés les rendant inaptes à s'ouvrir à la différence. Plutôt progressiste, il salue en Ch. A. Diop l'esprit d'autonomie qui le conduisit à ne pas attendre l'aval de l'Occident pour défendre et scientifiquement soutenir sa thèse de l'antériorité civilisationnelle et scientifique de l'Afrique noire.

Aussi, est-ce au nom de la libre confrontation des idées que le Ch. A. Diop de J.-M. Ela « soumet l'ethnologie coloniale à une rude épreuve en réconciliant l'Afrique noire pré-coloniale et l'histoire ». Cette démarche a pour leitmotiv la thèse de J.-M. Ela suivant laquelle « si la non-historicité des « sociétés primitives » est le fondement du discours africaniste européen, la continuité du monde noir avec l'Egypte où se trouve le berceau de l'historicité oblige à remettre en cause l'archaïsme qui constitue le postulat de l'ensemble des études sur l'Afrique noire » (Ibid., p. 72). Il faut changer radicalement de système d'éducation.

III. AUBE D'UNE DECISION EN FAVEUR DE L'AUTO-LIBERATION

A l'orée d'une décision en faveur d'un système éducatif affranchi, tirons quelques leçons de la première partie de notre développement sur les fondements idéologiques de l'esclavage naturel et de l'esclavage africain. Pour ce faire notons que forte des arguments aristotéliciens sur la problématique de l'esclavage naturel, JEANMART(2007, p. 68) délivre subtilement sa position à travers deux idées : *primo*

> la docilité avec laquelle l'âme servile s'en remet totalement à autrui et se satisfait, en s'offrant comme main-d'œuvre pour servir les buts d'autrui, de profiter en contrepartie des succès ;

> *secundo* vouloir rester enfant, c'est en ce sens souhaiter que d'autres fassent pour soi les choix qui s'imposent pour conduire sa vie (Ibid.)

Jeanmart vient d'énoncer deux choses qu'il nous plaît d'interpréter en direction des Africains : *premièrement*, le « refuser de rester enfant » ; *deuxièmement*, « le désir de se réaliser », telle sera désormais votre devise, aurait pu ajouter Bernard Dadié : travail et indépendance ; chercher chacun à atteindre « la plus haute expression de soi » et ne pas omettre d'« organiser ses moyens pour y parvenir ». Retenons le dernier mot de JEANMART(2007, p. 69) :

> « La servitude est le propre de toute personne qui (…) n'a pas la capacité rationnelle d'organiser ses moyens pour y parvenir ».

Ajoutons qu'Aristote et à sa suite Jeanmart à la même page de son texte s'opposent à ce que le formalisme de la loi puisse décréter au sujet de certains hommes le statut d'esclavage (dans l'antiquité), et de liberté (dans la modernité) comme droit de l'homme. C'est qu'une âme servile n'aura pas les moyens de disposer de sa liberté si celle-ci lui est conférée par un agent extérieur. Songeons à ces pays de la modernité actuelle qui acceptent encore de demeurer sous la tutelle de l'ancien colonisateur quand bien même ils ont le choix de décider de prendre en main leur destin.

…On sait avec Jeanmart(2007, p.73) que le projet éducatif aristotélicien est celui d'une nomothétique, d'une « éducation de l'éducateur » en vue de l'agir politique. Dans ce contexte « le seul but dont l'âme servile est capable : la prospérité matérielle immédiate » en fait un être à aider pour le bien de tous car « le poids de cette même âme servile, paradoxalement contrainte aux libertés politiques, (…) prédispose (…), paradoxalement les libertés politiques à être confisquées despotiquement par certains « maîtres » à leur profit ». ... Il faut resserrer notre propos, en venir à Ela.

L'impatience en effet se fait de plus en plus sentir ; tel Chaka à l'heure de la décision…celle de symboliquement « tuer sa Novilé » tant aimée (image de ce qui empêche l'action), pour l'amour de son peuple…on dirait qu'Ela brûle d'une unique envie : celle de choisir le célibat sacerdotal pour les épousailles de l'Afrique. Il est temps, il faut libérer le fiancé de l'Afrique, laisser la parole à Jean Marc Ela, afin qu'il nous délivre son programme de gouvernement de son épouse : la vieille, la jeune Afrique.

III.1. CHEIKH ANTA DIOP OU L'HONNEUR DE PENSER AVEC JEAN MARC ELA …

Accompagne Ela (J.-M.) dans ses pas vers l'autel nuptial, son témoin : Diop (Ch. A.). On peut entendre en écho, depuis l'antichambre, la mélodie d'un hommage : *Cheikh Anta Diop ou l'honneur de penser*, témoignage de « la véritable fidélité » (p. 137)d'un disciple : Jean-Marc, à celui dont il dit qu'il « nous a rendu notre mémoire ». Peut-être que « ce fils d'Afrique » : Cheikh Anta, qu'élogieux, il qualifie d'« homme transcendantal », « unique » et « exceptionnel »(Ibid., p. 9), lui a-t-il confirmé que son choix : « l'Afrique », est ce « quelque chose de rare » et dont la délicatesse impose de protéger de « la pire domestication qui soit, celle de l'esprit »(Ibid).

III.1.1 …L'HEURE D'AIMER L'AFRIQUE, ET…

Quand, à la fin de son hymne à l'amour de l'Afrique, amour de Ch. A. Diop, J.M. Ela, en un rythme lancinant, testataire, demande : « Aurons-nous le courage des initiatives historiques qui conditionnent l'essor de la science et de la culture ? », cette question est encore l'un de ces échos que s'apprête à reprendre le chœur de notre génération, l'actuelle, recevant par là le témoin, dans la conscience qu'approche l'heure de sa consécration, car il faut que cette génération reste dans l'harmonie du chant du Cheikh(1974, p.5) :

« Si elle n'y arrive pas, elle apparaîtra dans l'histoire de l'évolution de notre peuple comme la génération de démarcation qui n'aura pas été capable d'assurer la survie culturelle, nationale, du continent africain ; (…) la génération indigne par excellence ».

Vient de se prononcer : Cheikh Anta Diop. La « génération indigne » de Ch. A. Diop, c'est la génération dépourvue de « la capacité rationnelle » de G. Jeanmart, celle qui aura manqué du courage des « initiatives historiques » de J.-M. Ela. Il faut néanmoins se rendre à l'évidence qu'Ela (1985, p.185) veut simplement que l'Eglise d'Afrique prenne en main son destin religieux, vu que pour lui christianisme n'est pas synonyme d'Occident.

Comment exprimer notre appartenance à Dieu dans un continent qui ne s'appartient pas à lui-même ? Devons-nous nous laisser enfermer dans un univers religieux à trois dimensions qui sont le péché, les sacrements et la grâce au moment où, sous couvert de coopération, des groupes économiques et financiers se disputent librement les terres, les plages, les mines de bauxite et de cuivre, de diamant, le commerce et le tourisme, sans oublier l'uranium et le pétrole, et, bien sûr la conscience même du peuple africain. »

Il y a des problèmes africains, tout comme il y a des problèmes spécifiquement européens…Partant, s'il y a des études européennes dans les universités occidentales, pourquoi n'y aurait-il pas d'études spécifiquement africaines dans les universités africaines ?

III.1.2. …LA DECISION POUR, OU CONTRE

La génération indigne sera une génération dénaturée, parce que monstrueuse, oublieuse de ses origines, de sa filiation spirituelle ; elle serait l'auteur de la dénaturation de l'être-homme dans un inauthentique être-ensemble. Afin d'être gardés d'un tel « danger » et en nous faisant tout proche de « ce qui sauve », il sied d'avec M. Heidegger(2008, p.90) par exemple, penser « la décision » en tant que thématique d'importance première. Ainsi qu'il l'écrit, « si nous voulons agir ensemble, si nous voulons agir avec les autres ou contre eux », que cette décision « perdure, elle devient : *s'être décidé.* » « L'être décidé » est résolution. La résolution, M. Heidegger la présente comme ce qui « marque notre être d'une empreinte et lui donne une constance, aussi déterminées l'une que l'autre ». (Ibid., p.95)

En ce sens, l'être-résolu à ce quelque chose dont Heidegger précise qu'il « se tient devant nous, déterminant tout notre être »(Ibid.) recèle une portée éthique et rend compte de notre être comme ouverture à la relation à l'éternité, et au temps comme devenir d'une humanité digne de se recevoir du « Suis », de l'Être. Mais, si décision doit être prise, celle-ci doit être ouverture à ce que Levinas dénomme l'Autre ou l'autre homme et que Jean Greisch(2006, p. 445) nomme, en perspective levinassienne, « l'être-pour-autrui-éthique», peut-être qu'une analyse d'obédience multiculturelle pourrait nous en approcher. Interrogeons en cela Boa Thiémélé Ramsès.

III.1.3. DEVENIR L'AUTO-ACTEUR DE SA MODERNITE, AVEC BOA THIEMELE RAMSES

Dans *Nietzsche et Cheikh Anta Diop*, livre où se rencontre la passion d'un dire qui se veut conciliateur et médiateur de deux peuples, en tant qu'il décèle l'union et célèbre le mariage de deux pensées d'envergure : Nietzsche (qui pour nous parraine la vision qu'a Jeanmart de l'éducation) – Diop (qui accompagne l'émergence de l'Afrique nouvelle chez Ela), Boa Thiémélé Ramsès(2007, p. 101), ayant par le verbe déjà célébré cette harmonie européo-africaine, offre à l'Afrique une invitation au courage du *sapere aude,* l'oser penser par soi-même afin de s'autodéterminer : « Chaque Africain devra se métamorphoser en Isis par une volonté de création vitale »(Ibid., p. 134).

Toutefois, cette re-création de soi actualisant les ressources de l'homme, par le regard attentif au passé africain, elle est perçue par Boa Thiémélé comme une communication ouverte à l'avenir, communication n'ayant pour raison d'être que le devoir, unique, de conduire à l'action. S'autodéterminer, pour le philosophe africain Boa Thiémélé Ramsès, c'est oser s'inscrire dans l'Histoire, comme faiseur d'histoire.

Cependant, bien qu'il se réfère au passé égyptien, l'auteur(2003,) qui a par ailleurs interrogé « La création des identités culturelles nègres », se désolidarise de toutes luttes sectaires se voulant la reconstitution d'un âge d'or «africaniste» ou «égyptologique», qu'il entend désormais sous le signe d'une ré-installation stérile du soi africain dans les lamentations d'un peuple qui, se masquant son inertie et son indolence, fétichise et éternise par le fait même son impuissance à se prendre en charge en créant sa modernité.

Par cet appel, Boa Th. Ramsès est surtout l'acteur d'une pensée se voulant universelle, en tant qu'elle adresse tant à l'Afrique qu'à l'Occident un appel à puiser dans les moteurs du «passé» «moderne européen» ou «antique africain, les ressources d'une perpétuelle jeunesse de l'homme actuel, en vue d'une ré-écriture de pages nouvelles, belles et pleines de vie pour notre espèce.

III.2. MEMOIRE ANTHROPOLOGIQUE DE LA GRANDEUR AFRICAINE

Si nous avons entendu Ramsès Boa Thémélé, alors, dorénavant mis en garde contre un amour psychanalytiquement narcissique et donc contre-productif, il ne nous reste plus qu'à soutenir notre décision en faveur de l'universel. Et comment cela ? Au seuil d'une telle décision, une autre condition est toutefois requise : la connaissance, afin que ladite décision soit éclairée.

Il importe alors de nous laisser imprégner de notre mémoire, de ce que Ch. Anta Diop, aux dires de J.-M. Ela, nous a restitué de la mémoire collective africaine. Une telle tâche est une généalogie de la grandeur théologique africaine ; celle qui, en un contre-courant qui est peut-être le sens du véritable courant de la pensée, à rebours donc, retourne du moyen-âge religieux européen, obscurantiste, vers l'antiquité africaine, pharaonique, *via* la cité grecque antique, mais cela en vue d'un agir actuel conséquent. Mais, l'enjeu du retour, dialoguant avec Ela, est de concevoir un système éducatif soutenu par une éthique théologique et politique. C'est que pour J.-M. Ela, il est nécessaire de « se réapproprier le sens de l'Evangile ».

III.2.1. L'HISTORICITE COMME EXIGENCE D'UN DEPASSEMENT DU SYSTEME THEOLOGIQUE EUROPEEN D'ENSEIGNEMENT, CHEZ J.-M. ELA

L'exigence d'une « nouvelle culture de la foi » est un devoir pour l'Eglise, selon Ela. Trois phénomènes justifieraient cette obligation : *d'abord* l'écart culturel « entre l'univers du Nouveau Testament et la modernité en gestation » en Afrique ; *ensuite*, « le conditionnement occidental des formulations de la foi au cours de l'histoire », et *enfin* la logique de « l'enracinement historique des énoncés de foi » (Ela 2003, p. 27). Une mise en garde s'impose ici. Si les énoncés de foi ont besoin de prendre racine dans les esprits d'acteurs aux contenus psychologiques historiquement évoluant, c'est qu'il est des mutations inhérentes au mouvement de l'histoire elle-même.

Plus précisément, l'intérêt d'une prise en compte de ces changements majeurs dans l'appréhension de la relation des hommes à la culture puis à l'éduction, c'est que pour J.-M. Ela, si l'on assiste au mouvement d'une culture qui passe du mythe à l'histoire puis à la postmodernité, c'est que l'herméneutique, l'interprétation des textes et la prise en compte des relations d'influences particulières qui se vivent temporellement entre l'interprète, les cultures en question (celle de l'interprète, celle d'où provient le texte, celle pour laquelle est faite l'interprétation), le texte ou l'objet d'interprétation, ses dimensions se présentent comme un défi herméneutique pour la théologie chrétienne, accompagnatrice du système éducatif moderne.

Aussi, pour J.-M. Ela, si la Parole de Dieu est immuable (Mt 24, 35) alors que le temps des hommes est soumis au mouvement, c'est qu'une attention respectueuse de l'anthropologie sociale et culturelle des peuples oblige à apporter des réponses nouvelles à des questions tout aussi nouvelles, « questions inédites »(Ibid). En prêtant attention au propos de J.-M. Ela, il apparaît que plusieurs mutations significatives ont eu lieu dans le courant de l'histoire. Contentons-nous de rappeler l'une des plus significatives, celle qui eut lieu avec les Egyptiens anciens, mutation ayant précédé l'« ère du judaïsme »(Ela 2003, p. 28), sans omettre celle qui débute avec Jésus-Christ, pour ne citer que ces trois-là.

III.2.2. L'ERE PHARAONIQUE EGYPTIENNE, COMME REVOLUTION

La première révolution significative dans la relation de l'homme au temps et dont Ela ne parle pas de manière explicite, mais dont la réalité sous-tend toute sa lecture de la théologie africaine, est celle de l'ère égyptienne, pharaonique. Aussi, suggérons-nous d'en relever quelques traits dans son texte intitulé *Cheikh Anta Diop ou l'honneur de penser*.

Au risque de voir son œuvre, tout comme celle de « l'égyptologue africain » (p. 131) *Cheikh Anta Diop*, tel « Galilée » au « temps de l'Inquisition », faire, comme il le précise, l'objet d' « affaires et de procès célèbres » et surtout être taxée « de littérature parascientifique », J.-M. Ela a choisi, grâce à « une pensée qui perturbe l'ordre du discours sur l'homme et la culture en milieu africain »(Ibid), de faire la lumière sur l'histoire, en particulier sur « les années obscures de l'Afrique »(Ibid. p. 132) … Des mises en garde d'ordre méthodologique s'imposent à qui veut entrer dans la vérité du discours de Cheikh Anta Diop.

J.-M. Ela à cet effet récuse toute intention passionnée qui voudrait faire de Ch. A. Diop une « idole », un « fétiche ». S'adressant ainsi à « la deuxième génération de l'indépendance », « en quête de mythes et de modèles »(Ibid), Ela l'invite dès lors à relire Diop « dans le contexte historique ou sa pensée a vu le jour » et d'être lucide en regard de la possibilité des « limites incontestables » imputables aux frontières paradigmatiques liées aux moyens spécifiques dont dispose toute science en fonction de son niveau d'évolution.

Quoi qu'on en dise, l'œuvre de ce savant, pour Ela, « ne relève pas de l'inspiration divine » ; elle requiert, par fidélité à sa mémoire de savant, le devoir de la « confrontation » et de la « contradiction ». D'un tel point de vue, pour J.-M. Ela, « Le défi des nouvelles générations africaines » (titre de l'ultime partie du texte qu'Ela dédie à Diop) est bien double.

Il s'agit *d'abord* d'une attitude négative, se voulant consciente de ce que « Ch. Anta Diop n'a pas tout dit sur l'Afrique noire » ; il n'avait d'ailleurs pas la prétention d'être un « pharaon du savoir ». Ce faisant, Ela veut prémunir l'Afrique de l'obscurantisme médiéval, dogmatique et scolastique, répétiteur de Thomas d'Aquin : « Ch. A. Diop n'a pas laissé une somme théologique qu'il suffirait de commenter avec fidélité, sans remettre en cause l'édifice doctrinal qui doit être reproduit comme dogmes intangibles »(Ibid. p. 133).

Ela observe de plus que Ch. A. Diop est loin d'être Aristote qui, lorsqu'il avait dit, tout était dit. Par où Ela en appelle-t-il à une exhumation scientifique de la pensée de Ch. A. Diop aux fins de la préserver de la sclérose et de la momification. Il s'agit *ensuite*, relativement au devoir de progrès de l'humanité, et dans l'optique du « réveil scientifique et technologique de l'Afrique »(Ibid., p. 134), de « devenir un moment de la création en marche »(Ibid). Ainsi que le redit Ela, le vœu le plus cher de l'Egyptologue sénégalais(1981, p. 16) était de voir « naître » en chaque Africain « un autre homme, animé d'une conscience historique, un vrai créateur, un Prométhée porteur d'une nouvelle civilisation et parfaitement conscient de ce que la terre entière doit à son génie ancestral dans tous les domaines de la science, de la culture et de la religion ».

Ce dernier mot de génie africain dans le domaine de la religion, ne nous informe-t-il pas de la révolution opérée en l'Afrique de l'ère égyptienne pharaonique, comme première révolution dans la relation de l'homme au temps, si tant est que la conscience de la situation de l'homme dans le temps est condition *sine qua non* de démarcation d'avec les autres éléments de la nature et source certaine de progrès ?

C'est à travers la dynamique extra-chrétienne de ce qu'un auteur comme Kä Mana dénomme les « nouvelles théologies africaines » que se lit la redevance égyptologique de la théologie à l'Africanité. Kä Mana en parle dans son réquisitoire en faveur de la *Théologie africaine pour temps de crise*. Lisons-le aux pages 71 à 75.

III.3. SOURCES PHENOMENOLOGIQUES DE LA THEO-LOGIE AFRICAINE

III.3.1. PETITE PHENOMENOLOGIE DE L'ANTHROPOLOGIE RELIGIEUSE

III.3.1.1. L'INTERPRETATION PAR KÄ MANA DES DYNAMIQUES RELIGIEUSES DE L'EGYPTE PHARAONIQUE

Pour Kä Mana(1993, p. 71), c'est du sein des religions africaines traditionnelles qu'émerge « une théologie spécifiquement africaine » aujourd'hui. Le mouvement théologique nouveau a une portée double : elle est *d'abord* une œuvre de résistance : résistance contre « l'hégémonie idéologique et symbolique du christianisme »(Ibid), du mauvais christianisme. Elle est *ensuite* une entreprise légitime d'affirmation identitaire, refusant de laisser en marge de l'histoire les « références religieuses traditionnelles »(Ibid) du continent noir.

Kä Mana voit en Mubabingue Bilolo le chef de fil de ce mouvement théologique. Pour ce dernier, « ce mouvement (…) ne déploiera toute sa fécondité que s'il s'enracine dans les sources mêmes des religions africaines traditionnelles : les dynamiques religieuses de l'Egypte pharaonique »(Ibid.). Quelle valeur paradigmatique recèle l'Egypte pharaonique pour se voir reconnaître comme source innervante et vivifiante de la théologie africaine contemporaine ?

Selon le témoignage rendu par Kä Mana, deux arguments majeurs militent en faveur de la préséance de la source égyptienne en matière de religion aujourd'hui, d'après Bilolo : *premièrement,* elle détient les bases de déploiement des traditions religieuses africaines dans l'histoire ; *deuxièmement,* elle a pour force de fournir les critères de jugement qui convainquent de ce que ces traditions doivent être ressaisies de nos jours « pour bâtir une nouvelle destinée spirituelle »(Ibid., p. 72).

Pour Kä Mana, de la thèse défendue par Bilolo, il ressortit ceci que « les fondations spirituelles du monde négro-africain sont à chercher et à redécouvrir dans la religion de l'Egypte antique telle que nous pouvons en relire aujourd'hui les intuitions »(Ibid). Et pour cause, les bases précédemment évoquées de la religion en Egypte, Bilolo les exprime à travers l'idée de la cohérence de leurs principes, ternaire : 1) la conception de Dieu (théologie), y est conforme à 2) la conception de ce qui, comme valeur, se situe au principe de tout acte noble (éthique), 3) et qui comme tel sous-tend la pratique d'un vivre-ensemble (politique) efficient.

D'une façon précise, ces principes, concrètement, s'offrent, *d'un côté,* à travers la thèse de « la différence métaphysique » existant entre la créature et le créateur, *autrement dit* le fait que la vie sociale ne tient son sens que référé d'une façon radicale à un être qui le transcende et qui seul normalise l'existence de l'homme et partant la démocratie comme synonyme de moralité et de solidarité entre pairs dans la société.

Et, *d'un autre côté* dans le jeu entre le multiple et l'un dans le système social, *ou encore* la démocratie entendue comme quête du consensus par le moyen de la « délibération constante, de la visée d'unité de pensée et d'action dans tout ce qui est décisif pour le destin de la collectivité : les choix politiques, la production économique, la justice sociale et la vie culturelle »(Ibid).

A la pensée théologique, est en conséquence assignée le rôle de servante de l'« équilibre communautaire fondé sur la recherche du consensus par la délibération et sur la référence permanente à une transcendance créatrice, dont l'amour comme exigence universelle est le principe le plus profond »(Ibid, p. 72 à 73).

Kä Mana de préciser ceci, qui est capital : là où il est « un devoir, vital pour la société, de tout référer au Créateur et à l'Un (…) », « (Q)u'il y ait multiplicité de systèmes métaphysiques, de cosmothéologies philosophiques, d'orchestrations liturgiques ou de nominations du divin dans les sociétés africaines n'a aucune importance »(Ibid., p. 73), vu que tout renvoie à l'unique Créateur entendu comme « principe radical de la structuration de l'être ».

Mais comment parvenir à une telle cohérence du monde africain ? Laissons à présent notre regard être accompagné par la profession de foi de J.-M. Ela telle qu'il la garde consignée dans son texte intitulé *Ma foi d'Africain.*

La foi de J.-M Ela au Christ est foi rationnelle, intelligente, et surtout simple foi d'homme. Qu'en est-il exactement ? La confession de J.-M. Ela, nous en suivrons ici l'exposé, offert entre les pages 68 à 72 de son texte en question. Cette séquence a pour intitulé « Réveiller les sources ». A l'incipit, on lit ceci :

« Or, pour rejoindre et parler à son cœur, à partir du sens et de l'espace où son âme respire, le christianisme doit se faire violence et rompre les chaines de la rationalité occidentale qui le rendent peu signifiant à cette civilisation du symbole qui est celle de l'homme africain ». (p. 68)

Cette requête restitue trois idées fondamentales à la pensée de J.-M. Ela : *primo* la thèse de la désincarnation de la théologie occidentale ; *secundo,* l'impératif d'une désaliénation de ce christianisme ; *tertio* le souci du sens de la pratique chrétienne en Afrique.

Relativement à la première idée, celle des chaînes qui pèsent sur le christianisme et le rendent désuet quant à sa relation à l'Afrique, J.-M. Ela en appelle à une sortie du christianisme des liens de la « scolastique ». C'est une rupture épistémologique que J.-M. Ela demande à la théologie chrétienne. Ela revendique le témoignage de vie de Jésus de Nazareth comme illustration historique de cette nécessité. Pour Ela en effet, Jésus parle le langage des « paysans et des bergers ». De même, « l'homme noir ne parle le langage d'Aristote, assumé par la théologie officielle du catholicisme ».

Ce faisant, Ela ne parle-t-il pas le même langage que le jeune Heidegger ? On retiendra d'emblée que l'attitude du jeune Heidegger, nourri de théologie, a quelque chose de similaire avec celle d'Ela, vu que l'un comme l'autre se montrent critiques vis-à-vis de leur héritage scolastique chrétien, qu'ils se décident à réinterroger. Et si nous proposons au lecteur d'ensemble analyser l'épisode confessionnel de Martin Heidegger, c'est justement parce que ce qu'a vécu Heidegger, on peut imaginer tout homme en quête de la vérité, Africain, ou Européen, doublement héritier, et de religion chrétienne, et de rationalité aristotélicienne, le vivre.

C'est Hugo qui disait : « Quel champ de bataille que l'homme !» Aussi, du combat de la foi de M. Heidegger, un témoignage nous est-il rendu par Christian Sommer, lequel décèle la proximité fidéiste de Heidegger avec Luther. La thèse doctorale d'Ela ne porta-t-elle pas sur Luther ?

III.3.1.2. LES DEUX SOURCES DU JEUNE HEIDEGGER : LUTHER (LE NOUVEAU TESTAMENT) CONTRE L'ARISTOTE SCOLASTIQUE

Aux pages 29 à 33 de son texte intitulé *Heidegger, Aristote, Luther. Les sources aristotéliciennes et néo-testamentaires d' «* Être et Temps », Christian Sommer s'attaque à la question des sources du jeune Heidegger que sont Aristote et Luther. Afin de prendre la mesure du conflit qui s'est vécu dans l'esprit du jeune Heidegger, C. Sommer (2005, p.30) suggère d'écouter la confession faite par ce dernier dans un cours de 1923 : « Celui qui m'a accompagné dans mes recherches (...) c'était le jeune Luther et mon modèle (...) était Aristote que le premier détestait ».

Pour C. Sommer, il y a deux Aristote aux yeux du premier Heidegger : le scolastique et le primitif. L'un s'oppose naturellement à l'autre. L'ambition de M. Heidegger est de «dé-scolastiquer» le Nouveau Testament. Cet exercice permettrait, lorsque M. Heidegger le réussirait, d'« aristotéliser » le Nouveau Testament *via* l'Aristote primitif. Il faut se demander si M. Heidegger y parviendra et jusqu'à quel point.

On peut dire que la situation de M. Heidegger est l'illustration de l'état d'âme de la chrétienté ou plutôt de l'homme de l'ère chrétienne. Celui-ci, jusque dans l'expression de la résurrection : la vie, garde les traces de la mort exprimée par le péché (sous toutes ses formes). Qu'est-ce à dire sinon que le monde chrétien, du fait de son histoire, *con-tient* le monde grec païen ? C. Sommer écrit :

Heidegger utilise implicitement, en la formalisant, l'opération paradoxale (théo-logique de la croix : (...) même qu'il prête à l'existence chrétienne dans la foi comme résurrection (...), et que nous retrouverons dans *Sein und Zeit* dans le passage de l'*Uneigentlichkeit* à l'*Eigentlichkeit* : par une mutation (...) spécifique, dans l'incrédulité (dans le péché), laquelle n'est pas supprimée, mais exhaussée, conservée et sauvegardée. (Ibid, p. 31)

N'est-ce pas parce que ce sont les philosophes païens, dont Platon, instructeur lointain de Saint Paul, qui ont pris en charge l'élaboration de la doctrine chrétienne, que celle-ci est si bien attachée au formalisme dogmatique ? C. Sommer observe également que « cette source chrétienne mêlée à la source grecque, alimente le programme philosophique de Heidegger tout en déterminant les conditions opératoires de sa conceptualité » (Ibid.). Pour C. Sommer cette double articulation : aristotélico-christique, justifie que la philosophie puisse se décider phénoménologiquement à prendre son autonomie vis-à-vis de la religion.

En effet, parce que la pensée chrétienne se situe dans une attitude de dépassement conservatrice de la pensée grecque pré-chrétienne, une facticité non regardante du religieux peut être. Une ontologie (discours sur l'être) étrangère à toute théologie (discours sur Dieu) est dès lors concevable, en tant qu'elle « reconduit à une structure existentiale qui organise originairement l'existence non-chrétienne de l'être-là humain ». (Ibid, p. 32)

Transitons ! L'*onto*logie, en la possibilité de sa démarcation d'avec le théo-*logique* ne signe-t-elle pas par là même que le *theos* lui est déjà interne au sens de l'expérience du *logos* (simple dire qui montre) grec-communautaire apparaissant dans la simplicité de ce qui est immédiat, mais d'une façon autre que celle d'une onto-théo-logie rationaliste répétitrice des errements de la théologie scolastique, dogmatique ? Cette possibilité d'un logos divin partageable dans la simplicité de l'être-en commun pour un peuple (grec, ou africain) ne restitue-t-elle pas l'idée qui se perçoit avec R. Otto -dont héritera M. Heidegger- de la facticité chrétienne, l'expérience de vie religieuse, comme ouverture immédiate au monde ?

L'ouverture au monde n'est-elle pas par essence la faculté d'un être-là originairement tenu dans le monde, dans *son* monde ? Aussi, cette existence non-chrétienne mais à même de partager la chrétienté comme telle, parce qu'existentiellement plus disposée à l'accueil du message évangélique, n'est-ce pas ce qui justifie chez J.-M. Ela, la référence inouïe à ce qu'il appelle « le temps des païens » ? Par où il annonce la nouveauté d'un temps de la religion chrétienne en Afrique, en tant que religion d'hommes vivants avec un Dieu ami de l'homme noir aussi, se donnant sans la médiation théologique ou cléricale, autoritaire.

Si, en religion, le temps est susceptible de faire l'objet d'un rachat, surtout que phénoménologiquement, en sa dimension ternaire, le temps recèle en soi un passé qui s'actualise dans le présent de l'esprit, il est en conséquence un chemin concevable pour une temporalité qui si elle dit l'être-homme, est cette même temporalité comme ouverture, ek-stase du *Da-sein* africain :

la réinterprétation heideggérienne du temps manifeste clairement son enjeu : au sens originaire, le temps est l'existential ; plus précisément, l'existential fondamental à trois extases qui constitue l'être du *Dasein.* La définition traditionnelle du temps comme succession de maintenant n'a rien d'originaire ; elle ne voit ni le triple caractère *ekstatique* du temps ni le fait que le temps constitue l'être du *Dasein.* La définition traditionnelle du temps comme succession de maintenant n'a rien d'originaire ; elle ne voit ni le triple caractère *ekstatique* du temps ni le fait que le temps constitue l'être du *Dasein* ».(Petkovsek, le statut existential du Platonisme : Platon dans l'analytique existentiale de Heidegger, Peter Lang Berne, 2004, p. 200)

Que l'on nous permette d'utiliser le terme *Dasein*, que nous empruntons à Heidegger, pour désigner l'être-là de tout homme, y compris l'homme ou du peuple africain.

III.3.2. PROBLEMATIQUE DE L'UNIFICATION ET QUESTION DE SPIRITUALITE EN AFRIQUE

III.3.2.1. HISTORIALITE ET SPIRITUALITE

Une mise en garde s'impose ici. J. Taminiaux(1992, p. 68-69), critique de M. Heidegger, écrit :

(...) appliquer le concept de *Dasein* à un peuple-Etat équivaut à intensifier les traits monadiques relevés (...), équivaut, autrement dit, à faire de l'Etat -et de son chef- et non pas des citoyens, le seul véritable individu. Poser que le peuple-Etat est un *Dasein* équivaut à nier la pluralité, à nier le partage des paroles et des actes ou –ce qui revient au même- à remplacer par une passion unanime pour l'être de l'étant le débat plural sur ce qui apparaît à chacun.

Quand l'on sait ce qui s'est passé comme dérive au XXè siècle en Europe et au cœur duquel a été cité le nom de Heidegger, on nous reprocherait d'utiliser les armes du malheur pour l'Afrique. Il faut néanmoins observer que les prémisses éthiques de l'égyptologie telles qu'énoncées par Kä Mana de même que la réponse *spirituale* à l'appel de l'Esprit pour la bénédiction de ce continent invite à penser la révolution africaine en termes d'un changement à l'interne, tourné vers lui-même pour l'Afrique, révolution qui proviendra du murissement de ce qui en soi-même est en marche vers un tel devenir.

III.3.2.1.1. HISTORIALITE DU DASEIN AFRICAIN : IMPLICATIONS DU CARACTERE HISTORIAL DU DASEIN CHEZ HEIDEGGER

Chez M. Heidegger, le Dasein : être-la ou encore être-homme, est un étant fini. Ce défaut d'être, celui-ci l'assume par une anticipation de son possible dernier : la mort. Mais, il convient d'ajouter un complément à ce heideggérianisme : la mort est déjà tenue dans la vie par le Christ qui a assumé toute la condition de l'homme. Jean-Louis Chrétien soutient que le corps du Christ n'est pas ir-*réel*. Il s'agit pour ainsi dire d'un idéel (spirituel) *réal*-isé car la réalité (humaine) est en et pour soi idéelle (divine). En s'incarnant, Dieu, en Jésus, ne détruit pas l'histoire, mais la transfigure. Etant dans l'histoire, le corps du Christ n'est pas un « grand animal » conduit à naître, vieillir et mourir, à la différence de tout autre vivant.

J.-L. Chrétien(2000, p. 153) nous invite à ne pas séparer abstraitement l'éternel du temporel, le Christ de ses membres, mais à les unir. Ainsi qu'il l'écrit :

Le temps aussi a été racheté. Le temps des membres de ce corps est leur temps propre, et celui de telle époque, où les autres vivent aussi, avec ses grandeurs et ses effondrements, ses beautés et ses horreurs.

C'est parce que le temps a été racheté que les hommes ayant vécu avant le Jésus (corporel, objet de la science historique), dans l'histoire font également partie de ce corps mystique (de corporéité idéelle et de temporalité historiale) ; autrement, ce rachat n'aurait pas été *effectif* et plénier !

De par cet acte, l'homme est déjà porté vers et par l'à-venir (avenir). Par l'acceptation de son être-mortel qui dit son être-fini, le *Dasein*, être en situation, assume son existence en se pro-jetant dans son futur ; s'appropriant la déréliction de son être-jeté dans (son de-venir : « venir de », qui est un pro-venir : « venir avec »), mieux, *avec* le temps.

S'étant approprié à soi dans l'*ek-statique*, l'ouvert du Temps, il peut aisément s'abandonner à son passé, quel qu'il aurait été. Il le fait en ramenant son passé à son présent, dans une existence résolue. Il assume par là son pouvoir-être le plus propre. M. Heidegger écrit : « L'existence résolue affronte son présent en étant son avenir et son passé»(Ibid.); A. De Waelhens(1942, p. 230) renchérit : « Qui oublie son passé abandonne les rênes de sa destination.»

Voilà qui justifie le distinguo heideggérien, récurrent dans tout *Être et Temps,* entre l'authentique : la résolution, le souci, et l'inauthentique : la quotidienneté non intégrée, ni assumée. C'est bien dans cette capacité d'assumer son être historial, par l'intégration de son passé et l'anticipation de son avenir, que le *Dasein* exprime, doublement, son caractère originaire : en tant que le *fini* où se joue toute *transcendance*, sans arrière monde possible ; en tant qu'il est le *da :* le *là*, entendu comme lieu *originaire* de *tout possible*.

III.3.2.1.2. HISTORICITE DU DASEIN AFRICAIN : L'HISTORIALITE COMME CONDITION DE POSSIBILITE DE L'HISTORICITE ET DE L'HISTORIQUE, CHEZ M. HEIDEGGER

Cet historial originaire qui « possibilise » l'historique et l'historicité, le *Dasein,* en son être-situé, l'assume doublement :

- *premièrement,* en tant que l'*avenir* est la condition de possibilité de l'historique, entendu comme une histoire en constitution de soi, et que veut saisir la science historique. L'implication en est que l'avenir est ouvert, pour l'Afrique également. C'est que l'avenir n'est pas devant nous ; il est déjà dans le présent parce qu'assumé à chaque instant par l'homme, celui du passé comme celui du futur. Qu'est-ce à dire sinon que la gloire passée, la gloire *anté*-historique -c'est-à-dire vécue avant toute historicité, autrement dit historiale, de tout homme, éclaire de ses rayons le futur ;

- *deuxièmement,* en tant que le *passé* est la condition de possibilité d'une appréhension de l'historicité réalisée comme histoire. L'implication de cette dernière idée est que L'historicité et l'historique sont donc des modes du même historial. C'est ainsi que l'on comprend que le *Dasein* africain est antérieur à la science historique qui veut connaître les Africains à une époque donnée. Qu'est-ce à dire sinon que l'historialité africaine a précédé tout propos hégélien sur une historicité ou une non historicité, un rationnel ou un non-rationnel africain.

Alphonse De Waelhens (p. 225) d'écrire : « Le problème de l'histoire comme science ne peut pas être résolu définitivement en termes épistémologiques », mais plutôt, dirions-nous après Heidegger (1986, p. 226), selon une ontologie fondamentale : celle du *Dasein.* En conséquence, c'est parce qu'il y a l'historial en Afrique que se peut concevoir quelque chose comme étant soit historique, soit non historique, soit même anhistorique tous entendus comme modes de l'historialité africaine. Le *Dasein* africain n'est dès lors pas temporel seulement parce qu'il « se présente dans l'histoire » telle que conçue par l'Occident ; le *Dasein* africain est, de soi, historique parce qu'il est, de soi, temporel. C'est bien « par la temporalité que l'historicité du *Dasein* devient possible. Celle-ci est un mode de celle-là ».

Par où l'on voit que la science historique ne peut être qu'en perpétuel devenir, mais jamais achevée, de sorte qu'elle-même attend son achèvement dans les vérités à découvrir sur elle par les recherches à venir, ou du moins par les vérités des recherches déjà accomplies qu'il s'agit de reconduire à elles-mêmes dans la méditation, ouverture à la pensée essentielle.

D'un tel point de vue, l'abaissement actuel de l'Afrique n'est pas une fatalité et les discours tenus sur ce phénomène ne relèvent point d'une vérité irréversible. Si, ainsi que l'a perçu Fabien Eboussi Boulaga dans *La crise du Muntu*, l'Africain n'est pas encore, il est nécessaire de poser les conditions d'advenue de l'Africain, ce dont l'unité linguistique entrevue par Ela (, 1989, p. 135) et Diop est aussi voie d'accès :

« Beaucoup se posent aujourd'hui en admirateur du savant disparu tout en méprisant les langues africaines. Pour cet homme qui fut l'un des premiers à réclamer l'indépendance immédiate pour les colonies françaises en Afrique, il nous faut recréer notre unité en créant une langue africaine». Parvenir à une unification, telle est la question.

III.3.2.2. UNIFICATION ET TEMPORALITE

III.3.2.2.1. L'UNIFICATION COMME RELATION A L'UNIVERSEL, CHEZ O. DEPRE, LECTEUR DE HEGEL

Partons de l'exemple paradigmatique de la Grèce antique en matière d'unité de peuple. O. Depré s'est intéressé à cette problématique dans son introduction à *L'esprit du christianisme et son destin* de Hegel, précédé de *L'esprit du judaïsme.* O. Depré(2003, p. 21-22) écrit : « Les Grecs s'étaient unifiés avec leur destin dans leurs dieux : dans leurs dieux joyeux, c'est eux-mêmes que les Grecs retrouvaient, ce qui revient proprement à dire que l'unification est la réalisation de soi-même».

Face au judaïsme *historique* -étranger à l'*historial*- qui attend son unification dans l'extériorité, dans l'« ailleurs » d'un « état futur », face donc à ce que Kant conçoit comme l'«hétéronomie » et qui peut se priver de chanter parce que loin de la Jérusalem physique -cf. *Psaume* 137 (136), un socratisme négatif peut restituer à l'ironie sa portée pédagogique : l'immersion au secret d'une humanité consciente de sa division qui est un *pas-sage* dont les manifestations temporelles, contradictoires, seront toutes assumées, reconduites vers leur originelle unité. Chez Heidegger, seule une facticité stoïque sait affronter ... M. Heidegger(1986, p. 378) écrit : « L'existence résolue affronte son présent en étant son avenir et son passé» ; A. De Waelhens(1942, p. 230) renchérit : « Qui oublie son passé abandonne les rênes de sa destination».

III.3.2.2.2. LE SPIRITUAL COMME INSCRIPTION DU DASEIN AFRICAIN DANS LE TEMPS DE L'ESPRIT EN AFRIQUE

Avant même que les autorités cléricales et politiques occidentales ne s'avisent à octroyer à l'Afrique son affranchissement historique des liens de la servitude économique, c'est en lui-même que chaque Africain doit faire l'expérience de sa libération déjà accomplie. Car tout comme Heidegger fait de l'*existential* la condition de possibilité de l'existentiel et du non existentiel, de même, c'est parce que le *spiritual* est que d'aucuns peuvent être soit spirituels soit non-spirituels.

Autrement dit, la liberté de l'esprit est déjà accordée à l'Afrique par le Christ. Il faut que chaque Africain demeure dans le *spiritual* de la communauté des esprits. C'est parce que la spiritualité véritable, celle qui ne transige pas, aura été embrassée par l'Afrique, sans mixture, sans concession, que le spirituel pourra être mis au jour en son triomphe sur le non spirituel qui par camouflage, veut se faire passer pour le spirituel, bien que spirituel et non spirituel puissent être en même temps chez un même *Dasein*.

Tout comme chez les Grecs pour qui le semblant, le se-montrant pouvait se faire passer pour l'être dans son apparaître, de même en Afrique le non spirituel aime à se faire passer pour le spirituel. Mais il faut demeurer dans le *spiritual*, afin que le non-spirituel, éphémère, passe et fasse historiquement place au spirituel. En demeurant ainsi dans le *spiritual*, ne réalisera-t-on pas que l'Egypte est avant tout un concept opératoire, faisant lui-même signe vers ce *spiritual*, lieu de l'Un, et dont chacun des spirituels est l'une des figures ? Par où il vient que le paganisme est la réalité première de tout homme et de tout peuple et que le *spiritual* est la vérité dernière, le lieu originaire de tout homme et de tout peuple.

CONCLUSION : L'UNIVERSALITE DU PAGANISME PRIMAIRE ET LA VERITE DU CONCEPT DE L'EGYPTE

La deuxième partie du texte de Jean-Marc Ela intitulé *Repenser la théologie africaine* a pour titre : « Le temps des païens ». Notre intention dans cette page est de démontrer que ce titre n'est pas innocent ; qu'au-delà des Africains comme actuels étrangers, païens, ce sont tous les peuples de la terre qui sont ces païens. Les premiers mots de l'auteur, parlant de « Jésus, les païens et l'invention du christianisme », sont les suivants : « Enraciné dans l'Ancien Testament où Israël est constitué signe et témoin de Dieu au milieu des nations (...), l'appel universel au salut est une dimension de la Révélation du Dieu de la foi. » (pp. 153-154)

Dieu se révèle aux païens qu'étaient primitivement tous les peuples de la terre : « Les prophètes témoignent de cette ouverture aux païens qui montre que la religion dont le messie est le fondateur n'est pas une religion tribale » (Ibid) En tant qu'elle n'est pas une religion tribale, la religion du Dieu de la foi n'est pas celle d'un Dieu du sang et de la chair, ce n'est pas un Dieu de la géographie, ce n'est le Dieu des seuls Juifs, encore moins de ceux des seuls Africains qui aujourd'hui en appelleraient à la référence égyptienne, tenteraient de montrer que les religions égyptiennes ont quelque chose du Christianisme de Jésus que ces religions auraient annoncé..., Afrique (ou Côte d'Ivoire, ou quelque autre pays d'Afrique) qui serait devenue la nouvelle patrie géographique d'un Jésus-Christ charnel.

J.-M. Ela peut poursuivre : « Dès la vocation d'Abraham, Dieu lui apprend qu'au-delà d'un clan, ce qu'il a en vue de faire, c'est de créer un peuple « aussi grand que les étoiles du ciel et le sable de la mer » (Gn 15, 5). » (Ibid, p. 154)Dans l'esprit divin de l'ouverture, afin d'illustrer ce qu'il décèle comme une leçon divine de « tolérance et d'universalisme », J-M. Ela prend deux exemples : *d'abord*, l'envoi de Jonas à Ninive, chez les païens, *ensuite* « Dieu voit dans un païen,

Cyrus, roi de Perse, qui ne connaît pas Dieu, un instrument de libération dont il se sert comme il l'a fait pour Moïse (Ex 3, 10). Quelle est la conclusion de cette pédagogie divine ? Ela d'écrire à ce propos : « Tous les peuples sont invités à y participer : « Depuis l'Egypte, des grands viendront. L'Ethiopie tendra les mains vers Dieu » (Ps 68, 32, 87, 4), vers le Dieu-Jésus-Christ. Comment cela ?

Ela reste sensible à ce que « la promesse de la conversion des Nubiens anticipe la rencontre de Philippe et de l'Ethiopien » (SO 3, 10 ; AC 8, 27). L'auteur écrit, bien à propos : « La Bible annonce un bouleversement des rapports entre Israël et l'Egypte dont le nom est lié à l'histoire de l'oppression et de la servitude »(Ibid) (Is 19, 24-25). Cette dernière idée est d'importance, elle est même capitale.

Signifions d'abord deux choses. *Premièrement*, Ch. A. Diop s'est appliqué à démontrer que l'Egypte pharaonique est nègre. Les Egyptologues occidentaux s'appliquent à écarter les Egyptologues du Sud, tel Bilolo, des travaux actuels d'Egyptologie. Cette Egypte jadis glorieuse, que quiconque veut avoir pour référence et dont tous voudraient fièrement se réclamer, surtout que la Grèce et partant la rationalité occidentale est en train de décevoir, il reste à se demander, au plan de la cohérence éthique à l'interne de la politique et de la religion égyptienne, pourquoi l'Egypte physique a connu son déclin.

Cette première préoccupation a une portée pédagogique : elle veut espérer que notre temps ne sera pas victime de la même fatalité qui répondit lorsque le riche de l'Evangile, se retrouvant au séjour des morts, demanda à Dieu de faire de Lazare, le sauvé, son porte-parole de sorte que ses frères aient compassion des malheureux afin de ne pas connaître son sort, de malheureux.

Deuxièmement, l'Egypte qui a son nom associé au malheur n'a pas eu son nom toujours associé au mal. Au contraire, Dieu qui n'est ni un pantin, ni un sadique, encore moins un masochiste, quand, face à la famine, il envoie Israël en Egypte, c'est parce que cette Egypte est prospère, mais surtout que lui-même Yahvé, à qui appartiennent l'or et l'argent, a béni cette Egypte des pharaons, à qui il a donné en partage sa science et sa royauté.

L'Occident actuel n'est pas loin d'être l'Egypte de l'Ancien Testament. L'Egypte actuelle et avec elle l'Afrique noire sont présentées par Ela comme les nouveaux esclaves intérieurement déportés, exilés chez eux sur leurs terres, tels, sinon pires que les esclaves naturels de la Grèce antique.

...Viennent les Cieux Nouveaux et la Nouvelle Terre de l'Esprit, annoncés par Paul et salués par Hegel, qu'ils soient une véritable ère de l'Esprit, ère en laquelle l'Eglise acceptera de délier Lazare-Afrique ressuscité par le Christ et le laisser aller, lui qui demande, comme tout vivant, à boire et à manger. Donnez-leur vous-même à manger, disait le Christ devant cette foule : la foule des peuples d'Afrique, à qui l'Occident peut offrir ses cinq pains et deux poissons...la foule des peuples d'Occident, dont les églises deviennent des bibliothèques ou des musées, à qui l'Afrique peut offrir le Christ, enfant, ou adulte nu à Bethléem comme à Golgotha.

Quoi qu'il en soit, certains Occidentaux sont des esclaves, au sens noble de soumis, du Christ, et certains Africains, des esclaves de l'ennemi. Sauver l'homme, et tout l'Homme, tel est donc l'enjeu. Et s'il n'y a qu'un seul rédempteur, la fonction de l'éducation ne serait-elle pas celle d'un accompagnement vers Celui qui seul sauve ? Quelle disposition intérieure requiert un tel accompagner ? C'est Augustin Dibi Kouadio(1994, p. 65) qui, dans *L'Afrique et son autre : la différence libérée*, écrit : « Accompagner signifie, ici, faire appel à cette réalité éternellement en activité en moi, qui jamais ne se laisse encapsuler, objectiver, qui s'est toujours déjà partout glissée comme une étincelle ».

BIBLIOGRAPHIE

ANDRE-VINCENT(1975), Ph., *Las Casas, apôtre des Indiens,* Paris, éd. de la Nouvelle Aurore, Paris,.

ARISTOTE (1964), *La Politique* Paris, Gonthiers,

BECKETT(2002), S., *En attendant Godo*, Paris, Hatier.

G. BERNANOS(1982), *Sous le soleil de Satan*, Paris, Plon.

M. BEAUVAIS (2001) « Des principes éthiques pour une philosophie de l'accompagnement », *in De l'éducation permanente à la formation tout au long de la vie*, *Savoirs,* n° 6, Paris, L'Harmattan.

Thiémélé, R. L., BOA(2003) *L'ivoirité entre culture et politique*, l'Harmattan, Paris.

Thiémélé, R. L., BOA (2007) *Nietzsche et Cheikh Anta Diop,* l'Harmattan, Paris.

BOSSUET(1979), *Œuvres,* Paris, Gallimard.

B. BUJO (1993), cité par F. Khabaselé-Loumbala, in *Le christianisme et l'Afrique, une chance réciproque*, Paris, Khartala.

S. CAMILLERI(2008), *Phénoménologie de la religion et herméneutique théologique dans la pensée du jeune Heidegger* (…), Springer, Dordrecht.

J., Poisson, D., CLENET (2005),*Complexité de la formation et formation à la complexité.* Paris, l'Harmattan.

B. B., DADIE(1956) *Climbié,* Paris, Seghers.

O. DEPRE(2003) Introduction à : Hegel, *L'esprit du christianisme et son destin.* Précédé de *L'esprit du judaïsme,* Vrin, Paris.

A. K., DIBI(1994), *L'Afrique et son autre : la différence libérée,* éd. Strateca, Abidjan.

Ch. A DIOP (1981) *Civilisation ou barbarie ? Anthropologie sans complaisance,* Présence africaine, Paris.

Ch. A., DIOP(1974), *Les fondements économique et culturels d'un Etat fédéral d'Afrique Noire,* Présence Africaine, Paris, Paris.

Ch. A., DIOP (1982), *L'unité culturelle de l'Afrique noire,* Paris, Présence africaine.

J. DUMONT(1982) *L'Eglise au risque de l'histoire,* Limoges, Critérion.

E. DURKHEIM(1969) *L'évolution pédagogique en France*, Paris, PUF.

Boulaga, F., EBOUSSI(1997) *La crise du Muntu. Authenticité africaine et philosophie,* Paris, Présence africaine.

J.-M.ELA(1989) *Cheikh Anta Diop ou l'honneur de penser*, l'Harmattan, Paris.

J.-M. ELA(2001), *Guide pédagogique de la formation à la recherche pour le développement en Afrique,* Paris, l'Harmattan.

J.-M. ELA(1985), *Ma foi d'Africain*, Karthala, Paris.

J.-M.ELA(2003), *Repenser la théologie africaine,* Khartala, Paris.

F. FANON(2003), *Les damnés de la terre*, Paris, Poches.

J. GREISCH(2006) « De l'ontologie fondamentale à la métaphysique du Dasein. Le tournant philosophique des années 1928-1932 », in *Heidegger,* Collectif, Cerf, Paris.

M. HEIDEGGER(1980), *Essais et conférences.* Paris, Gallimard.

M., HEIDEGGER(2008), *La logique comme question en quête de la pleine essence du langage,* traduction Frédéric Bernard, Gallimard, Paris.

M HEIDEGGER(1986),*Sein und Zeit,* tr. F. Vezin, Gallimard, Paris.

V. HUGO (1993), *Quatre vingt treize*, Paris, Gallimard.

G. JEANMART(2007), *Généalogie de la docilité,* Paris, Puf.

C. A. KANE(2003), *l'Aventure ambiguë* 10/18, Paris.

Kieffer, P. , RYDBECK(1983), L., *Existence païenne au début du christianisme,* Paris, Cerf

Kä MANA(1993), *Théologie africaine pour temps de crise*, Karthala, Paris.

R. PETKOVSEK(2004), *Le statut existential du Platonisme : Platon dans l'analytique existentiale de Heidegger,* Peter Lang, Berne.

Philippe de LIGNEROLLES(1996), *Les moines d'Occident,* Paris, Bayard.

P. RODRIGO (1998), *Aristote et les choses humaines*, Bruxelles, Ousia.

R. SABBAH(2008), *Le pharaon juif*, Lattès, Paris.

C. SOMMER(2005), *Heidegger, Aristote, Luther. Les sources aristotéliciennes et néo-testamentaires d'Etre et Temps*, PUF, Broché, Paris.

J. TAMINIAUX(1992), *La fille de Thrace et le penseur professionnel*, Payot, Paris.

A. TEVOEDJRE(1958), *L'Afrique révoltée,* Paris, Présence africaine.

A. de WAELHENS(1942), De A., *La philosophie de M. Heidegger,* Louvain.

« JEAN-MARC ELA. UN PENSEUR AU SERVICE DE L'AFRIQUE. SON ŒUVRE. SA PENSEE. SON APPORT » (EN HOMMAGE AU GRAND THEOLOGIEN DE NOTRE TEMPS)

KONAN Jean Colbert,
Enseignant au Séminaire Saint Pierre de Daloa

INTRODUCTION

L'histoire des peuples se confond très souvent avec celle d'hommes ou de femmes charismatiques qui par leurs œuvres tracent une nouvelle destinée à leurs peuples et contemporains. Ainsi en est-il de la pensée. Elle se fixe dans l'histoire grâce à des hommes qui la portent très haut pour les générations présentes et à venir.

Aujourd'hui, j'ai à parler d'un de ces hommes qui marquent encore sous nos yeux, la réflexion théologique africaine. Il s'appelle Jean-Marc ELA, théologien africain camerounais né en 1936 qui est sans doute l'un des grands théologiens du monde et de l'Eglise grâce aux nombreux ouvrages et travaux publiés qui lui confèrent une estime en Afrique et dans le monde entier.

Le thème qui nous permettra de découvrir davantage ce théologien africain hors pair est ainsi libellé : « Jean-Marc ELA : un penseur au service de l'Afrique. Son œuvre. Sa pensée. Son apport. » Le thème en lui-même trace le plan du travail à faire. Ainsi aurons-nous :

I/ JEAN- MARC ELA, UN PENSEUR AU SERVICE DE L'AFRIQUE

II/ SON ŒUVRE ET SA PENSEE

III/ JEAN- MARC ELA ET LES THEOLOGIENS AFRICAINS CONTEMPORAINS

I/ JEAN-MARC ELA. UN PENSEUR AU SERVICE DE L'AFRIQUE

A - Sa formation

A la question de savoir comment il explique le fait qu'au primaire l'enseignement soit essentiellement axé sur la France et qu'aujourd'hui il soit un observateur très attentif des problèmes africains ? Jean-Marc ELA répond : « Je crois que ce qui s'est passé, c'est que cet enseignement, entièrement français, que nous avons eu, a fini par nous servir d'instrument. J'ai réutilisé cet enseignement non seulement pour mieux connaître ceux qui avaient été nos maîtres, mais aussi pour en tirer des armes pour combattre ce que je considérais comme une domination à laquelle on ne peut se soumettre. Je suis sorti de cette école pour essayer de voir comment je pouvais échapper, moi-même d'abord, à la domination et contribuer à la libération de l'homme africain.»

1) Sa formation théologique

Pour ELA, la théologie africaine doit parler de Dieu à partir du lieu où la Parole de Dieu nous trouve. Ce lieu est selon lui l'Afrique elle-même compte tenu des enjeux de nos sociétés et de la tragédie de notre histoire. L'Afrique étant un lieu où Dieu parle à l'Eglise et au monde. Au cœur de sa formation et de ses réflexions théologiques, il y a la libération, celle de l'homme noir.

2) Sa formation sociologique

A travers deux œuvres majeurs de sociologie, à savoir *L'Afrique des villages* et *Afrique : irruption des pauvres*, J.-M. ELA trace les perspectives sociologiques de l'Afrique à partir de ce qu'il appelle le « monde d'en bas », c'est-à-dire le monde des petites gens, des anonymes, ceux à qui l'on ne prête pas grande attention à cause de leur misère chronique : le monde de la « débrouillardise ». Il essaie de valoriser leurs activités qui leur permettent de survivre. Il accorde une très grande place dans sa sociologie à la femme et à son pouvoir surtout économique.

B- L'Afrique : centre d'intérêt et d'intelligibilité de ses réflexions théologiques et sociologiques.

Pour mieux nous apercevoir que J-M. ELA a utilisé sa plume au service de l'Afrique et que celle-ci est véritablement, voire essentiellement au cœur de sa réflexion, parcourons sa bibliographie personnelle :

- en 1980, il publie *Le cri de l'homme africain*, qui selon lui est le cri des pauvres d'Afrique, en échos aux cris d'Israël en esclavage en Egypte, mais surtout au cri du Christ sur la croix. C'est un cri à la fois d'angoisse, d'espérance et de libération ;
- en 1981, il publie un célèbre article : « De l'assistance à la libération. Les tâches urgentes de l'Eglise en milieu africain », dans lequel il soutient que la libération de l'Africain doit être la réponse à la barbarie et à l'influence du christianisme occidentalisé ;

- en 1982, en collaboration avec René LUNEAU il publie *Voici le temps des héritiers, Eglise d'Afrique et voies nouvelles* où la question du christianisme africain libéré des pouvoirs de Rome demeure au centre de sa réflexion. Mais aussi il y soutient que les Eglises africaines ont à lutter contre les oppressions des pouvoirs politiques ;

- en 1985, il publie *Ma foi d'Africain* où il évoque en terme de défis majeurs les problèmes de la lecture de la Bible en Afrique, de pauvreté, d'oppression, de nourriture, de santé et donc de survie des peuples. Ainsi, *Ma foi d'Africain* veut montrer comment il est possible d'enraciner l'Evangile dans la vie d'un peuple et de rencontrer Dieu sur les chemins de notre histoire ;

- en 1990, il écrit *Quand l'Etat pénètre en brousse,* les ripostes paysannes à la crise, un ouvrage de sociologie dans lequel il met en exergue le travail du paysan et sa capacité à s'opposer par tous les moyens aux injonctions de la dictature des gouvernants sur les paysans ;

en 1992, il publie *Le message de Jean Baptiste. De la conversion à la réforme dans les Eglises africaines* où à partir de l'image du précurseur, il invite les chrétiens africains et l'Eglise africaine à être courageux en s'opposant à toutes les formes de dictature, qu'elles soient politiques ou spirituelles ;

en 1994, il publie *Afrique : irruption des pauvres,* livre de sociologie dans lequel il demande de réapprendre l'Afrique au-delà des stéréotypes inopérants qui dissimulent en fait la réalité, où il dénonce les pratiques des Etats africains soumis de l'extérieur, où les paysans, ouvriers, fonctionnaires, intellectuels, commerçants, femmes et jeunes sont confrontés à la violence et au mensonge érigé en lois nationales et quotidiennes.

Dans cet ouvrage, il pose dès les premières pages une question existentielle : « Faut-il rayer l'Afrique de la carte du monde ? » Mais il constate qu'en dépit des apparences, l'Afrique n'est pas morte : « c'est une marmite qui bout.»

Dans la même année, il publie un autre ouvrage de sociologie, *Restituer l'histoire aux sociétés africaines.* Promouvoir les sciences sociales en Afrique noire, dans lequel en tant qu'enseignant il propose une pédagogie, une méthodologie et un programme de recherche et d'enseignement de la sociologie dans les universités africaines qui tiennent compte des réalités de nos cultures ;

en 1998, il publie *Innovations sociales et renaissance africaine. Les défis du « monde d'en bas »* où il révèle au monde que loin d'être perdue, l'Afrique renaît. Ses ressources humaines et matérielles, ses innovations sociales annoncent que l'Afrique peut être le continent de l'avenir ;

en 2003, il publie un véritable chef-d'œuvre théologique ; *Repenser la théologie africaine. Le Dieu qui libère.* Cela peut être considéré comme le couronnement de trente(30) ans de travail et de réflexion, une contribution majeure à la théologie africaine contemporaine. Il essaie d'y montrer que la Révélation de Dieu en Jésus-Christ trouve sa pleine signification en Afrique lorsque l'Eglise fait mémoire d'un Evangile qui libère.

II/ SON ŒUVRE ET SA PENSEE

Le constat qui s'impose est que Jean-Marc ELA a abattu un travail théologique et sociologique, de réflexion immense et profonde de haute qualité intellectuelle et spirituelle.

A- Son œuvre

A la lecture de ses œuvres, on découvre la volonté du théologien de se démarquer d'une certaine manière unique de faire de la théologie. La liberté de style et de ton achève de convaincre que Jean-Marc ELA fait partie des grands théologiens d'Afrique, du Tiers-Monde et de l'Eglise. Son œuvre s'intéresse surtout à l'homme africain, la société africaine, la culture africaine, l'Eglise africaine, Dieu, la foi africaine et la libération de l'Africain. Il les étudie par rapport aux concepts de dynamisme, de changement, et aussi ceux de contradiction, tension, conflit, de même que les concepts d'Etat, de pouvoir, de violence. Autour d'eux s'organise un discours sur le social. Il livre ainsi aux Africains et aux penseurs africains un vaste domaine d'étude à prospecter et exploiter.

Aussi, pourrait-on explorer les trois grandes questions qui habitent Jean-Marc ELA, à savoir :

1) Redonner à l'Evangile en Afrique toute sa crédibilité, sa pertinence et sa dynamique car pour lui « nous ne pouvons pas nous permettre de reproduire n'importe quel christianisme en Afrique » ;
2) Déterminer la place qui doit être accordée à la jeunesse ;
3) Comment contribuer à l'instauration d'une civilisation de l'Etat en Afrique ?

B- Sa pensée ou la théologie élaienne : les termes majeurs de sa théologie.

a) la libération

La théologie élaienne est essentiellement une théologie de la libération. Il le reconnaît lui-même :

« Ce qu'il faut savoir, c'est que la théologie de la libération est d'origine africaine. Nous avons été parmi les premiers à poser les bases d'une théologie de la libération essayant de retrouver les rapports entre Dieu et les peuples opprimés. »

« L'essentiel de la foi est de découvrir aujourd'hui en Jésus-Christ le Dieu qui libère et transforme la vie en solidarité avec les hommes, dans un monde où Dieu est présent, où il nous parle et nous interpelle par les faits d'injustice et toutes les situations de misère. »

« Dans la mesure où nous sommes structurellement dominés et exploités, le théologien africain n'a pas le choix. Il lui faut saisir notre réalité en partant de ce que nous croyons, compte tenu de ce qui nous anime et de ce qui se fait dans les communautés qui s'organisent pour résister face à la domination et à la famine, partout où se renforcent les structures qui entraînent l'exclusion des plus faibles hors des bénéfices et de la production. »

Il est plus concret en donnant le sens de cette théologie de la libération : « Pour moi, la théologie de la libération, c'est chaque fois qu'un bras se lève, qu'une voix essaie de dire ce qui ne va pas et qu'on échappe à la peur, quand on est capable d'affronter des situations d'oppression »

La théologie élaienne s'élabore ainsi autour de ce qu'il appelle lui-même la « théologie sous l'arbre **» Celle qui, dit-il, s'élabore dans le coude à coude fraternel. C'est là que s'exerce la force de libération de Dieu, grâce à la relecture de l'Evangile qui fonde des communautés de foi capables de soutenir l'espérance messianique des pauvres. Une «** théologie sous l'arbre **» est en quelque sorte une théologie de la solidarité ecclésiale qui se forge sur le terrain même où l'on s'engage dans un projet de libération.**

b) L'Eglise d'Afrique selon Jean-Marc ELA

Pour ELA, on ne doit plus reproduire en Afrique le type de christianisme et de spiritualité occidentale qui montre aujourd'hui ses limites. L'Eglise d'Afrique ne doit plus être la reproduction parfaite, la copie carbone de l'Eglise d'Occident. Pour lui alors, en tenant compte de la situation concrète de l'Afrique, l'Eglise doit pouvoir révéler le vrai visage d'un Dieu qui libère de la misère et de l'oppression. Et il se pose cette question ; « En Afrique noire, l'Eglise en prière a-t-elle la passion de l'homme et de tout l'homme qu'il faut sauver ? Comment participe-t-elle à l'action libératrice de Jésus-Christ, qui a été affronté au mal et au péché jusqu'en être crucifié et qui a manifesté sa dernière victoire sur la mort ? »

c) La foi africaine selon Jean-Marc ELA

Pour ELA, la foi ne peut être vécue de manière intemporelle : elle doit s'inscrire dans un contexte historique et s'exprimer par une praxis, car elle doit faire apparaître en des signes compréhensibles le message de libération de l'homme en Jésus-Christ. Autrement dit, les problèmes de développement sont aujourd'hui le lieu privilégié où il importe de repenser notre foi et de la vivre en tenant compte du paradoxe de « l'indépendance dans la dépendance ». Pour lui, c'est la foi qui ouvre les perspectives de libération et de salut. Le Dieu que nous adorons, prions et chantons est essentiellement un Dieu qui libère. Seule la foi peut nous aider à compromettre l'avenir des tyrans et des gens sans foi ni loi qui mettent l'Afrique en coupe réglée. Pour lui, « les chrétiens ne peuvent être indifférents à cette problématique qui les invite à effectuer un retournement dans leur réflexion et leur forme d'engagement», car la foi est un engagement, une prise de conscience qui nous pousse à sortir des situations qui s'opposent à la vie.

d) Les ministères dans l'Eglise et rôles des communautés africaines

Jean-Marc ELA se pose la question de savoir si « une Eglise constituée de clercs et de laïcs formant deux classes distinctes, telle que nous la connaissons aujourd'hui correspond-elle à la volonté de Jésus ?» Il révèle que « cette question est l'un des grands enjeux théologiques de ce siècle. »

Pour ELA donc, les ministères dans l'Eglise doivent être déclericalisés pour mettre en valeur la mission des laïcs dans l'Eglise. En un mot, il faut faire jouer pleinement aux laïcs leurs fonctions sacerdotale, prophétique et royale. A cet effet, faire assumer le culte par des laïcs ne serait pas, selon lui, une volonté contre l'Eucharistie et contre l'ordre du Seigneur : « Faites cela en mémoire de moi.» Ce qui est enjeu pour lui, c'est d'estimer et assumer le pluralisme des ministères. Il estime alors que l'on doit promouvoir les ministères laïcs dans les communautés chrétiennes et exploiter « les virtualités diaconales et sacerdotales » du laïcat chrétien. En définitive, toute l'Eglise doit être en « état de diaconie permanente » dans la mesure même où tout chrétien est le diacre de ses frères, à l'image du Christ, serviteur de Dieu et des hommes.

e) Eucharistie et libération

« Si l'Eglise, dit-il, est le lieu du prophétisme où s'actualise la mission libératrice de Jésus de Nazareth, les questions posées par l'accès à la « Table du Seigneur » sont inséparables de celle de la libération qui sont au cœur de l'Evangile, bien plus, au-delà des querelles byzantines, il convient de restituer à l'Eucharistie toute sa dimension sociale et sa force critique. »

Il ajoute qu' « en réinterprétant la mort rédemptrice dans l'horizon de cette libération, il est difficile de manger le pain de vie sans prendre conscience des injustices de toutes sortes qui s'exercent sur l'homme, sans être résolu à la lutte pour que disparaissent les causes de l'exploitation et des conflits. »

La libération est pour ELA la dimension essentielle et première de l'Eucharistie, vu que le Christ qui l'a instituée a pris fait et cause pour les opprimés et les pauvres. Dès lors, en Afrique, la cause est déjà entendue pour l'Eucharistie : c'est célébrer la justice, la libération, les droits de l'homme, c'est libérer du joug ceux que les dictateurs maintiennent dans leur lien, c'est nourrir les affamés, « les damnés de la terre ».

Trois questions fondamentales traversent sa théologie :

1) la question de la crédibilité et de la pertinence de l'Evangile en Afrique ;
2) la question de la place de la jeunesse africaine, l'espoir du continent ;
3) la question de l'instauration d'une civilisation de l'Etat en Afrique dans le but de mettre un terme à la barbarie imposée à l'Afrique depuis les indépendances.

Ces trois questions constituent des axes majeurs de réflexion pour la génération de théologiens actuelle. Elles sont des perspectives théologiques à explorer pour concilier foi et libération, foi et développement, foi et fraternité ou solidarité.

Mieux encore, il nous montre une nouvelle façon de faire de la théologie par rapport à ses grands projets théologiques : « Sortir des bibliothèques et renoncer au confort des bureaux climatisés, accepter de vivre dans l'insécurité de la recherche, parmi les gens ne sachant ni lire ni écrire, dans les bas quartiers où le petit peuple a les pieds dans l'eau ou dans la boue. »

III/ JEAN-MARC ELA ET LES THEOLOGIENS AFRICAINS DE SON EPOQUE

Indubitablement, Jean-Marc ELA se démarque de ses contemporains en matière de réflexion et d'apport théologique pour l'édification de la foi africaine, la crédibilité de l'Evangile en Afrique et la contribution de l'Eglise africaine au développement des peuples africains.

Il explique lui-même cela par le fait qu'il ait opté, depuis sa jeunesse, pour des valeurs, à ses yeux, fondamentales et sur lesquelles il est impossible de transiger ; démarche, avoue-t-il, que plusieurs de ses pairs n'ont pas eu le courage d'affronter. Marqué par quatorze ans de vie avec les paysans dans le Nord Cameroun, sa pensée est originale. Elle n'est pas une pensée de bureau, mais plutôt une pensée de terrain, donc une pensée concrète. « Ce n'est pas avec la bureaucratie qu'on fait le développement en Afrique.» Prévient-il.

Détenteur de trois doctorats, il a pris le risque de vivre au milieu de gens pauvres confrontés aux multiples problèmes quotidiens telles la famine, la maladie et la sécheresse. Jean-Marc ELA associe ses recherches théologiques, anthropologiques et sociologiques sur le terrain. « Le village était mon laboratoire. J'essayais de capter les murmures de ces gens pour identifier les défis et les enjeux de l'Afrique d'aujourd'hui. Les vraies questions du continent africain sont posées par ces gens sans importance qu'on ne cherche pas à écouter et à rencontrer.» Comme il le révèle lui-même, le village était son laboratoire. Il s'y plongeait et en retirait les substrats de sa pensée. Il osait donc affronter le quotidien et le concret, laissant loin l'abstrait et la vaine spéculation qui s'apparentent au confort.

De cette odyssée, est née sa « théologie sous l'arbre» qu'il pratique à travers sa « pastorale du grenier » et celle dite des « mains sales ». Il les traduit comme « la foi des pauvres en actes » qui les sort d'une stratégie de domination pour une stratégie de libération « à la suite du Crucifié de Golgotha qui est entré en conflit avec tout ce qui n'était pas conforme au dessein de Dieu »

« Ma théologie est née sous l'arbre où nous sommes renvoyés en profondeur, au gibet de la croix. Dieu se découvre hors des temples, à la marge de l'histoire, à partir des damnés de la terre qui manifestent l'actualité du calvaire au cœur de notre histoire », relève-t-il.

Si avec ses pairs africains tels que Flavien Eboussi, Meinrad HEBGA, Achille MBEMBE, la pensée théologique allait dans le sens de la libération de l'homme noir, l'originalité de sa pensée à lui provient de son engagement prophétique. Lequel se déployait dans son engagement social et politique. Il révèle qu'à plusieurs reprises, les cadres de TOKOMBERE et les sous préfets aux ordres du pouvoir l'interpellaient et le menaçaient pour ses prises de position et ses actions au milieu des paysans de cette région du Cameroun. A la mort d'Engelbert MVENG (son compatriote et célèbre théologien), soupçonné d'avoir été tué par le pouvoir en place au Cameroun, ELA a compris le vrai sens de son combat et s'est engagé à crier haut et fort son indignation. Cela lui a valu les menaces du pouvoir qui l'a placé dans son viseur comme un homme dangereux à abattre. Il partit pour s'exiler au Canada jusqu'à sa mort ce 27 décembre 2008 (date officielle).

CONCLUSION

« Nous avons ouvert les pistes. On pourrait les explorer davantage en étudiant plus attentivement, de manière plus systématique, toute la réflexion que j'ai menée, qui n'est pas un système en tant que tel. Je n'ai pas voulu construire une somme théologique mais ouvrir des chemins pour une autre théologie à partir des défis africains. »

Les réflexions de Jean-Marc ELA nous ouvrent des chemins : des chemins de foi, de libération et d'Eglise. Certainement, avec lui, nous découvrons davantage que l'homme est la route de l'Eglise. On pourrait dire qu'il en est sa matière première sans laquelle, nul doute, sa mission n'en serait pas une sur terre. Se livrer aujourd'hui à la réflexion théologique africaine devait en toute logique aller au-delà de simples questions pastorales ou principes liturgiques à respecter scrupuleusement qui risquent de nous fixer et planter, incapables de rien faire. De fait, si la théologie africaine ne se limite qu'à un « apport africain pour la célébration de la messe », nous courons immanquablement le risque de nous fourvoyer par notre propre faute, par notre manque de courage.

Nous savons que Jean Marc ELA a dérangé beaucoup de conscience et de foi forgées dans les méandres des instances romaines. Beaucoup d'entre eux ont plusieurs fois tenté de le tourner en bourrique, de rire de lui. Beaucoup ont entretenu le secret espoir de ne pas le voir aller loin dans ses pensées. Nous avons-nous-même été témoin d'une scène ou un évêque noir frémissait de colère chaque fois qu'il entendait le nom de Jean Marc ELA. A la limite, c'était comme si ses œuvres n'étaient pas cachées à nos grands séminaristes.

Pour l'Eglise d'Afrique Jean-Marc ELA est un penseur aux immenses potentialités. On pourrait le dire, ses œuvres constituent une mine d'or pour l'Eglise d'Afrique et pour toute l'Eglise. L'Eglise peut retrouver un dynamisme nouveau en explorant toutes ses potentialités intellectuelles. Ses réflexions sur l'Evangile, la foi, la libération, l'Eglise, surtout les ministères dans l'Eglise sont des voies nouvelles à explorer. Toutes ces réflexions sont marquées par leur caractère concret parce que lui-même homme de terrain.

Maintenant qu'il n'est plus, comme à la Pentecôte, posons-nous la question existentielle : « Que devons-nous faire ? » Devons-nous accepter de voir cet héritage intellectuel disparaître faute de l'avoir assumer à cause des sanctions romaines qui pourraient pleuvoir sur nous ? Ce serait ainsi tuer plusieurs fois Jean-Marc ELA.

Nous pensons pour notre part qu'il faut réhabiliter l'homme Jean-Marc ELA en sortant des sentiers battus de l'Inquisition. Ses œuvres doivent être divulguées surtout dans les milieux où se forge l'intelligentsia africaine et enseignées dans nos différentes maisons de formation : séminaires et universités catholiques. L'Eglise d'Afrique ne court aucun risque à étudier et à valoriser les œuvres de Jean-Marc ELA. Au contraire, elle se renouvellera davantage. A coup sûr commencera pour elle son aggiornamento.

C'est pourquoi, à froid, nous devons reconnaître que Jean-Marc ELA n'a voulu que le bien de l'Eglise africaine. Sa pensée doit nous faire découvrir que l'Esprit Saint favorise la diversité des intelligences et de l'expression de notre foi. L'Esprit Saint n'a jamais tracé un chemin unique où toutes les idées doivent se mouler. Il n'y a pas un modèle unique de réflexion. En cela, l'œuvre de Jean-Marc ELA constitue un défi pour la nouvelle génération de théologiens qui doit accepter de prendre des risques en réfléchissant. Car avec Jean-Marc ELA, l'avenir reste grand ouvert et plein d'espoir. « Nous devons être des hommes qui veulent maîtriser leur destin et non des hommes qui se laissent vivre et attendent que les autres pensent et agissent à leur place, » nous avertit Jean-Marc ELA.

BIBLIOGRAPHIE

Jean-Marc ELA(1993) , *Le cri de l'homme africain, questions aux chrétiens et aux églises d'Afrique,* L'Harmattan, Paris, 173p.

LUNEAU, R., J.M. ELA (1981)*Voici le temps des héritiers, Eglises d'Afrique et voies nouvelles*. Paris, Karthala, 269P.
Jean-Marc ELA(1985) *Ma foi d'Africain,* Paris, Karthala, 224P.
Jean-Marc ELA(1992) *Le message de Jean-Baptiste. De la conversion à la reforme dans les Eglises africaines,* Yaoundé, CLE, 70P.
Jean-Marc ELA,(1994) *Restituer l'histoire aux sociétés africaines. Promouvoir les sciences sociales en Afrique noire,* Paris, l'Harmattan, 143P.
Jean-Marc ELA, « La foi des pauvres en actes », in *TELEMA. N°35,* juillet-septembre, 3/83, PP45-72
Yao ASSOGBA (1999),, *Jean-Marc Ela, le sociologue et théologien africain en boubou, Paris,* l'Harmattan, 107P.

SALUT ET LIBERATION EN AFRIQUE : UNE ETUDE DE LA PENSEE DE JEAN-MARC ELA

Fr Etienne MABS,
op. mbasetienne@yahoo.fr

La thématique du salut pose et soulève la question du bonheur et du malheur, de la réussite et de l'échec, du sens de la vie et du sort de l'être. Au fond tout ce qui concerne la destinée et les fins de l'homme. C'est une question capitale et vitale aussi vieille que la pensée humaine, mais toujours neuve et toujours à reprendre devant chaque aurore qui se lève. Ce qu'il y a au fond d'une civilisation nouvelle, d'une culture nouvelle, d'un système théologique nouveau, c'est en somme chaque fois qu'une réponse nouvelle à cette question sans cesse renaissante et lancinante : quelle est le sens de la vie ? Le théologien pose la question du salut en terme de destinée humaine ? Pourquoi sommes-nous créés ? Quelles sont nos raisons de vivre ou de mourir ? Avec Adolphe Gesché, nous relevons que le salut n'est pas d'abord une réalité négative, un « sauver de quelque chose », il relève d'abord d'une idée toute positive qui illustre le terme *salvus* (fort, solide, sain) et *salvare*(rendre fort). Sauver, c'est amener quelqu'un jusqu'au bout de lui-même, lui permettre de s'accomplir. Tout homme comme aussi toute communauté humaine cherche à s'accomplir, à se réaliser. L'idée du salut connote donc essentiellement et fondamentalement avec la notion d'accomplissement.

La question qui se pose dans la sotériologie de Jean-Marc Ela est de savoir comment garder l'espérance de libération au milieu d'un continent exploité et dépendant, soumis à la violence sous le signe de la domination capitaliste ? Et comment vivre et penser la foi à l'intérieur d'un dynamisme mobilisateur et constructeur d'une société plus juste et fraternelle ? Notre travail s'articulera sur trois points essentiels. Nous partirons du constat alarmant des sociétés africaines tel que le présente Jean-Marc Ela, ensuite nous présenterons sa sotériologie et enfin une contribution personnelle clôturera notre recherche.

I. CONTEXTE SOCIAL ET ECCLESIAL

I.1 L'OPPRESSION DES PAYSANS DU NORD-CAMEROUN

La réflexion théologique de Jean-Marc Ela a une base expérimentale. Il s'intéresse aux Kirdis du Nord Cameroun à la suite de Baba Simon, prêtre du Sud-Cameroun. Les deux prêtres partageront l'expérience pastorale de ce peuple Kirdi. L'approche des problèmes de notre auteur est sociologique et théologique, concrète et historique. Il parle du Nord Cameroun où les paysans vivent une situation oppressive et dramatique. C'est dans ce sens qu'il déclare (1980, p. 7) : « Quelque part en Afrique noire, des milliers de paysans sont contraints d'arracher les tiges de mil qui commencent à pousser pour semer le coton. » Nous sommes dans un contexte de l'Etat post-colonial où les paysans sont obligés de produire les cultures de rente et d'exportation au détriment des cultures vivrières. Cela a pour conséquence la pénurie alimentaire.

Les injustices à l'égard des paysans ne se limitent pas au secteur agricole, elles se rencontrent à tous les niveaux de la commercialisation, la fixation des prix, les rapports avec l'Etat et avec l'extérieur ; la domination est multiforme. Elle frappe l'ensemble des paysans africains. La tentation de la résignation guette les paysans qui quelquefois ne « voient pas comment ils peuvent s'en tirer. »(Geffré, 1994, p. 34), Telle est la situation dont notre auteur prend conscience au milieu des paysans.

I.2 L'OPPRESSION DES PAUVRES D'AFRIQUE

A cette époque où nos peuples, désemparés par la situation sociale sans perspective, cherchent des voies de sortie, une des tentatives auxquelles certains succombent, est de trouver dans la Bible des solutions toutes faites à tous leurs problèmes. Certains, poussés par le comble du désespoir que nous offre le spectre dramatique que des pays africains légitiment un statut quo intolérable, qui pousse à la résignation et au fatalisme. Jean-Marc Ela (2003, p. 186) peut donc affirmer :

> La cause du Dieu de Jésus est inséparable de la cause des pauvres et des opprimés. Dans ce sens, l'irruption du tiers-monde fait surgir d'autres acteurs de la mission. Face aux injustices perceptibles et aux structures objectives de domination, peut-on se contenter aujourd'hui de faire dans l'Eglise du discours sur le péché et la grâce sans utiliser la mission comme facteur d'une politique dominante ? Il faut porter le soupçon sur les formes de présence missionnaire qui risquent de négliger, comme hier, les aspects concrets de libération propre au projet salvifique de Jésus-Christ.

Notre auteur montre que la majorité de la population du continent africain vit et meurt dans les conditions inhumaines : sous-alimentation, mortalité infantile, manque de sécurité sociale, d'hôpitaux non accessibles aux couches les plus déshéritées, en un mot phénomène de marginalisation par rapport aux biens nécessaires pour un minimum de dignité de la personne humaine.

Tels sont quelques-uns des indicateurs qui caractérisent la situation réelle d'immenses couches de nos peuples. Outre cette réalité infrahumaine, selon notre auteur, le peuple africain est menacé dans une partie de lui-même : sa foi chrétienne avec les valeurs qui la marquent : l'hospitalité, la chaleur humaine, l'immense aspiration à la justice. Cet ethos culturel est travaillé dans le sens d'une désintégration par le mythe du progrès pensé selon le modèle capitaliste et accompagné de la consommation à outrance réservée aux élites. Jean-Marc Ela(1980, p. 80) peut affirmer :

> Les bourgeoisies du centre ont instauré en Afrique un Etat colonial qui s'appuie sur une classe privilégiée qui profite des fruits de l'indépendance. On ne comprend pas le malaise des masses paysannes si l'on ne tient pas compte de la création d'une bourgeoisie locale associée aux organes de pillage : car cette classe vit des miettes de l'exploitation des pays d'Afrique.

Pour le théologien congolais Kä Mana(2001, p.),

> plus exactement, il s'agit pour les chrétiennes et chrétiens d'Afrique, de savoir comment faire vivre spirituellement nos sociétés dans une civilisation mondiale dont nous commençons peu à peu à comprendre qu'elle peut être soit le tombeau de nos rêves de liberté et de prospérité, soit une chance inouïe de libérer notre génie inventif et de participer avec ardeur à la construction de l'avenir du monde.

La conjoncture historique a une importance capitale pour la réflexion sur la foi en Jésus-Christ, car elle pose des questions essentielles : comment faut-il penser, prêcher et vivre Jésus-Christ face aux exigences d'une situation déterminée pour qu'il apparaisse tel que la foi le proclame, c'est-à-dire sauveur et libérateur ? Ou encore, on peut dire à l'inverse qu'un thème théologique prend de l'importance quand il a un rapport avec une conjoncture historique déterminée en vue de son explication, de sa compréhension, ou pour son maintien ou encore pour sa transformation.

On voit que l'actualité d'un thème apparaît toujours ambiguë. Elle renvoie à une question de fond, le lieu social : les pratiques, les engagements, les positions, à partir desquels s'élabore la foi en Jésus-Christ, car le théologien ne vit pas en l'air, il est un acteur social. Il se situe à l'intérieur de la société, dans un milieu social bien déterminé, il produit des connaissances et des significations en utilisant des instruments que lui offre ou lui permet la situation, il a des destinataires bien définis car il se trouve inséré dans un ensemble global. Dans ce contexte, avoue Jean-Marc Ela, « faire la théologie exige cette liberté de penser qui est propre à l'effort véritable de la recherche scientifique. En gardant les yeux fixés sur les liens entre l'homme africain et la passion de ce juif palestinien que l'on a exécuté en le pendant au bois (Actes 5,20), il faut courir le risque de comprendre le mystère de Dieu en assumant les questions posées aux Eglises d'Afrique par des hommes et des femmes qui se demandent en quoi Dieu les concerne dans les conditions dramatiques où ils vivent aujourd'hui. »(ELA,2003, p. 123)

I.3 LA DEPENDANCE DE L'EGLISE D'AFRIQUE

Sur le plan ecclésiologique, les Eglises d'Afrique souffrent d'un profond déficit en matière de vision d'elles-mêmes comme force de transformation sociale et d'invention d'une nouvelle société humaine. En effet, selon Fulgence Muteba (2002, p. 104), l'Eglise africaine est coincée entre :

L'encombrement d'un passé historique marqué par le traumatisme colonial, la domination, la violence, l'humiliation…et qui curieusement, continue à hanter le présent.
Une culture têtue qui se manifeste tantôt comme l'actualisation d'une mémoire, tantôt comme l'étoile des mages et donc comme catalyseur de modes de vies.

Les atrocités d'un univers politique d'instabilité permanente tablant sur une économie cauchemardesque, elle-même fondée sur la loi informelle de la débrouille incontrôlée. Il en découle un système social où la démarcation entre religion opium du peuple et religion relation désintéressée à Dieu n'est pas claire.

La mainmise de Rome, qui au nom de la communion et de l'unité dans la foi, organise une espèce subtile de « technocratie » qui interfère dans la vie ecclésiale mais aussi impose des restrictions qui ne favorisent pas souvent la créativité locale. Outre la main basse de Rome, il y a le poids financier des Eglises chrétiennes et des organismes d'Occident qui eux, sont partagés entre charité et impérialisme capitaliste. Dans ce contexte comment comprendre la notion du salut chez Jean-Marc Ela ?

II. LE SALUT EN JESUS-CHRIST DANS LA PENSEE DE JEAN-MARC ELA

II - 1 SALUT COMME LIBERATION

Face à la pénurie alimentaire et aux famines provoquées par la société capitaliste, Jean-Marc Ela(1985, p. 123) opte pour une « pastorale du grenier». Le Dieu de la vie, révélé par le message et l'œuvre de Jésus, commande de refuser un système de famine et de mort. Notre auteur aide les paysans à « passer d'une conscience naïve et résignée à une conscience politique qui fait qu'ils redeviennent des acteurs des changements au sein desquels Dieu, qui est présent et à l'œuvre dans ce qu'ils font, redevient celui qui fait aboutir leur espérance comme leur appui. » c'est cela le concept de la « théologie sous l'arbre » de J.M. Ela(1980, p. 8), une théologie qui se déroule comme il le dit lui-même « loin des bibliothèques et des bureaux, s'élabore dans le coude à coude fraternel avec les paysans illettrés en quête de sens de la Parole de Dieu, dans les situations où, précisément, cette Parole les rejoint. »

La théologie de Jean-Marc Ela se veut résolument pratique, contextuelle et africaine. Loin du verbalisme abstrait et inopérant des théologies académiques (scolastiques), J.M. Ela parle au nom des pauvres et des laissés-pour-compte de nos sociétés africaines. La théologie africaine doit aider les « paria » de l'indépendance africaine, à se libérer des structures idéologiques, mentales, socio-économiques et sociopolitiques qui les maintiennent dans une misère totale. Pour notre auteur, la théologie africaine doit rejeter les idées préfabriquées de la théologie nord-atlantique en se définissant elle-même en relation aux luttes du peuple dans résistance aux structures de domination. Sa sotériologie(1981,) doit s'instaurer comme un acte de lecture, d'actualisation et de réappropriation herméneutique et dynamique de la Parole de Dieu au cœur des luttes de libération et d'émancipation sociopolitique et économique des couches populaires des sociétés africaines postcoloniales. La libération des couches pauvres et marginalisées des sociétés africaines postcoloniales constitue le lieu théologique principal qui mobilise la réflexion de Jean-Marc Ela. Il invite les Eglises africaines à ne pas se mettre du côté de ceux qui exploitent des millions d'Africains avec la collaboration de grandes multinationales occidentales.

Il revient aux chrétiens africains de lire la Parole de Dieu et d'y puiser des ressources spirituelles pour lutter contre les forces du mal qui paralysent la force de créativité en Afrique depuis des siècles. C'est pourquoi : « Il importe de relire l'Evangile sur le terreau même où l'homme tente de se concilier les puissances invisibles et de se protéger contre les forces occultes. La théologie africaine doit prendre en compte la manière dont l'homme se situe dans le monde et surmonte les conflits perturbateurs, le cadre social qui détermine l'attitude devant le mal et l'existence. En définitive, c'est toute la symbolique appartenant à l'imaginaire des peuples africains qui provoque notre réflexion théologique. » (ELA, 1984, p. 34) La sotériologie de Jean-Marc Ela opte pour un travail en profondeur pour la libération des pauvres et des masses paysannes africaines.

La tâche de réappropriation du message du Christ par les Eglises africaines encore « sous tutelle » occidentale, passe par une autonomie financière et un travail pour l'instauration d'une véritable culture démocratique en Afrique noire. La création d'Etats de droit en Afrique noire devient alors une urgence sociopolitique pour les Africains, devant les dangers de marginalisation et de nouvelle subordination engendrés par le processus de mondialisation économique.

Dans son livre *Afrique, l'irruption des pauvres* Jean-Marc Ela appelle à une nouvelle répartition du pouvoir dans une démocratisation qui tienne compte des plus marginalisés, surtout les paysans illettrés, les jeunes des bidonvilles et les femmes. Notre auteur mobilise avec ingéniosité son regard critique de sociologue pour montrer et démontrer que malgré l'apparente marginalisation économique de l'Afrique et son étouffement par les dictatures indigènes à la solde des grandes puissances qui contrôlent ses matières premières, l'Afrique est le continent de l'avenir. La tâche des théologiens et des intellectuels africains selon lui consiste à redonner l'initiative et la souveraineté aux couches populaires de nos sociétés postcoloniales, en accompagnant leurs luttes quotidiennes pour contourner l'étau des dictatures indigènes implantées et soutenues par les firmes internationales qui exploitent et contrôlent la totalité des ressources minières, agricoles et pétrolières de l'Afrique.

Notre auteur effectue une approche volontairement sociographique et politique de la crise africaine dans le but d'arriver à une intelligence de la crise à partir du point de vue du « monde d'en bas » et proposer une lecture dynamique et contextualisée de la Parole de Dieu, susceptible d'accompagner les luttes quotidiennes des couches populaires dans leur volonté de survivre dans un contexte de disette et de violence institutionnalisée. C'est après avoir dégagé l'étiologie de la crise et du blocage actuel du continent africain, qu'il sera possible aux nouvelles générations africaines de reconstruire l'Afrique et de reconquérir de haute lutte la souveraineté religieuse, politique et économique face à la puissance occidentale. Dans cette perspective, quelle doit être la mission de l'Eglise ?

II-2. L'EGLISE TEMOIN DE LA LIBERATION EN JESUS-CHRIST

L'objectif premier que Jean-Marc Ela(1980, p. 166) assigne à l'Eglise dans l'ensemble de ses œuvres est sans conteste celui de la libération des pauvres et des opprimés d'Afrique. Le terme « libération » est le concept opératoire de sa pensée et jalonne la plupart de ses écrits. Ces derniers mots d'une de ses œuvres résument la tâche de l'Eglise : « Pour les Eglises, la question posée par cette situation est claire : chaque jour, au nom de l'Evangile, écrire l'histoire de la libération effective des opprimés. » Cette libération consiste à œuvrer pour l'avènement d'une société juste où les droits des humains sont respectés, à lutter pour une autre société, un autre homme, un autre système de production, une autre manière de vivre entre les hommes au sein de la société globale.

D'autres objectifs sont aussi concrets. Il s'agit de faire en sorte que les opprimés aient accès à la nourriture, à la santé, au logement, à l'éducation, toutes choses qui portent à une vie digne et libre de toute contrainte ou oppression, de toute domination intérieure et extérieure, individuelle ou structurelle, sociopolitique ou économique. C'est à cette seule condition que l'Eglise contribuera à créer un homme nouveau, qu'elle deviendra elle-même signe d'espérance et instrument de salut. En effet, la réalité concrète de ces objectifs ne doit pas occulter un fait : pour J.M. Ela, l'Eglise fait œuvre de salut en libérant. Sauver, c'est libérer l'homme total, l'homme social, le monde et non pas vouloir sauver seulement l'âme comme le proposait une certaine sotériologie dans l'histoire des missions.

L'Eglise en Afrique, selon notre auteur, doit prendre le risque herméneutique, celui d'une interprétation et d'une lecture africaines de la Bible : l'interprétation africaine de la Bible à partir des situations est une incarnation ou contextualisation de la Parole de Dieu, dans la ligne des orientations théologiques africaines. Cette Eglise en Afrique doit recourir aussi à l'analyse des faits sociaux pour démasquer les mécanismes d'oppression et d'injustice de tout genre. Notre auteur prône une approche dynamique des champs d'analyse qui font de l'Afrique actuelle un véritable laboratoire de sciences sociales. Par ailleurs, l'analyse des faits sociaux ne conduit pas uniquement à la connaissance brute des réalités ou de leurs dynamiques. Elle opère sur l'analyste un effet de transformation, de conscientisation qui oblige à se remettre en cause et prédispose à l'engagement. Telle est la force des sciences sociales dans l'Eglise. Elles sont les instruments d'analyse, mais aussi de renouvellement de la société. C'est dans la réponse aux défis sociaux que sont possibles supplication, louange et adoration. Lutte de libération et prière s'y conjuguent. Dans ce grand ensemble, le théologien(1985, p.33) lui, est invité à « rester à l'écoute de ce qui se vit dans la communauté pour le reprendre et en faire le sujet de sa méditation et de sa prière. » Il a un rôle de compagnon de route, de témoin à l'affût des signes de Dieu, pour guider, orienter, aider, réfléchir en s'engageant activement sans avoir peur de « se salir » dans la précarité des conditions d'existence de son peuple.

Nous venons de décrire le profil de la mission libératrice de l'Eglise selon notre auteur. Les enjeux sont importants ; ils sont surtout ecclésiologiques : il s'agit principalement de la mission de libération de l'Eglise comme un gage de crédibilité et de pertinence dans le milieu africain aujourd'hui. Cette mission de l'Eglise doit être le lieu d'intelligibilité, le lieu où se cherche et s'exprime la vérité de l'Eglise en Afrique. En prenant au sérieux le phénomène social dans toute son épaisseur et en se proposant d'y manifester la présence de Dieu, l'Eglise contribuera à l'avènement d'un nouvel ordre social qui remplacerait la « civilisation de l'anti-frère. » C'est dans cette optique que E. Mveng(1985, p.90) déclarait : « Il n'y a de place pour le christianisme que dans la mesure où le christianisme constitue, au sens total du mot, notre salut et notre libération, c'est-à-dire, le salut et la libération de notre être historique, avec tout son patrimoine spirituel et les conquêtes de sa civilisatio. »

La sotériologie de Jean-Marc Ela nous présente quelques aspects discutables. Nous allons nous atteler à cet aspect critique et éventuellement apporter une contribution personnelle.

III – CRITIQUE ET CONTRIBUTION PERSONNELLE

Assimilant les Africains aux « vaincus de l'histoire », le sociologue et théologien Jean-Marc Ela cherche à élaborer une sotériologie à partir des injustices, des souffrances, des luttes et des oppressions ; bref, des « cris de l'homme africain », des espérances et des désespérances qui montent des villes et des villages d'Afrique. En ce sens, sa sotériologie a une dimension contextuelle. Il veut montrer que la Révélation de Dieu en Jésus-Christ trouve sa pleine signification en Afrique lorsque l'Eglise fait mémoire d'un Evangile de libération. Pour notre auteur, une attention lucide aux problèmes de libération des opprimés oblige à repenser la manière de faire la théologie. Pour notre part, nous pensons avec le professeur N. Soédé que l'originalité de la pensée de J.M.Ela est de montrer en termes concrets le contexte historique d'où il faut concevoir la théologie africaine et même sa sotériologie. Mais le salut comme libération ne peut se cantonner dans la simple restreinte dimension économique, politique, sociale ou culturelle, elle doit viser l'homme tout entier dans toutes ses dimensions y compris dans son ouverture vers l'absolu de Dieu. Le contenu de la Révélation chrétienne nous présente un Dieu qui s'offre et se donne gratuitement à l'homme, à une théologie qu'elle ne peut jamais sacrifier aux exigences d'une quelconque stratégie, d'une praxis ou d'une efficacité à court terme. La conception chrétienne du salut est holiste, globalisante. Elle inclut la dimension eschatologique. D'autre part, nous avons l'impression que Jean-Marc Ela ne se préoccupe que de la libération de l'opprimé. Certes, les injustices envers les pauvres font focaliser sa sotériologie sur les opprimés. Dans cette optique, que deviennent les oppresseurs de nos pays africains qui pourtant sont aussi appelés à se convertir, à changer de vie, à ne plus écraser les pauvres afin qu'ils soient eux aussi sauvés par ce même Christ qui ne veut pas la mort du pécheur. Nous pensons donc à une invention de la pastorale propre à nos dirigeants politiques qui pourrait peut-être contribuer à leur évangélisation afin qu'ils ne soient plus des oppresseurs de nos peuples.

Car selon le pape Paul VI, « l'Eglise est experte en humanité. » C'est de l'homme créé à l'image de Dieu selon le livre de la *Génèse* qu'il faut promouvoir sa vie.

CONCLUSION

En dernière analyse, nous pensons que la sotériologie de Jean-Marc Ela est de dimension contextuelle. Notre auteur dénonce l'oppression dont sont victimes les paysans et les pauvres d'Afrique. Il propose le salut en Jésus-Christ comme libération : concept opératoire qui traverse toute son œuvre et sa pensée. Et dans cette perspective, pour notre auteur, pour penser le christianisme en Afrique aujourd'hui, il nous faut retrouver ce que Karl Rahner appelait le « courage du théologien » afin de dire Dieu en nous mettant du côté de ceux qui souffrent. C'est la condition de possibilité d'une théologie pertinente qui veut mettre en lumière l'actualité de l'Evangile de libération et repenser l'Eglise comme signe et témoin d'une espérance au milieu des peuples qui vivent dans la pauvreté, la misère, l'exclusion et l'oppression. Dans cette optique le salut comme libération doit viser l'homme tout entier ainsi que son ouverture vers la transcendance de Dieu, ce Dieu qui se donne gratuitement à tout homme, oppresseur comme opprimé. Finalement, l'enjeu de la rédemption c'est le Christ qui vient habiter le monde en libérant l'homme, et demande à ce dernier de ne pas aliéner les autres hommes.

BIBLIOGRAPHIE

F. BLANQUART (1970), « L'acte de croire et l'action publique » dans *Lumière et Vie* 98

J.M. ELA, « Identité propre d'une théologie africaine » in Claude Geffré (éd)(1984) .- *Théologie et choc des cultures.* Actes du colloque de l'Institut catholique de Paris, (Collection Cogitatio Fidei 121), Paris, Cerf

J.M. ELA (1994).- *Afrique, l'irruption des pauvres. Société contre ingérence, pouvoir et argent* Paris, l'Harmattan

J.M.ELA (1981).- *De l'assistance à la libération. Les tâches actuelles de l'Eglise en milieu africain*, Paris, Centre Lebret

J.M. ELA (1980).- *Le cri de l'homme africain* Paris, l'Harmattan

J.M.ELA (1985).- *Ma foi d'Africain*, Paris, Karthala, 1985

J.M.ELA (2003).- *Repenser la théologie africaine. Le Dieu qui libère*. Paris, Karthala,

J.M. ELA (2003).- *Repenser la théologie africaine. Le Dieu qui libère*. Paris, Karthala

J.M. ELA (1994).- *Restituer l'histoire aux sociétés africaines. Promouvoir les sciences sociales en Afrique noire* Paris, l'Harmattan

L. BOFF(1976), « L'engagement social du théologien » dans *Théologie et libération. Questions d'épistémologie,* Louvain,

Kä MANA (2001).- *L'Afrique de la mondialisation. Former de nouvelles forces sociales africaines pour relever le défi de l'Ordre mondial.* (Ottawa, Malaika(éd), 2001)

F. MUTEBA MUGALU (2002).- « L'itinéraire d'un praticien » dans *Revue africaine de théologie*, vol. 26, n°51 Avril

E. MVENG (1985).- *L'Afrique dans l'Eglise. Paroles d'un croyant.* Paris, l'Harmattan

LIBERALISME ET HUMANITE GENESE DU LIBERALISME

Zacharie BERE,
UCAO-UUA, abbebere@yahoo.fr

INTRODUCTION

Au commencement est la liberté. La liberté s'obtint par une doctrine et un mouvement de libération. Mais au cours du temps la libération devint libéralisation. C'est par ce raccourci qu'on pourrait caractériser l'histoire du libéralisme dans le temps. Nous remarquons, en effet, que la liberté caractérise la présence de l'homme au monde dans sa paradoxale ambiguïté. L'interdiction même devient source et motivation de son exercice même si cela est accompagné de la séduction, car il s'agit de bonheur : capacité de connaître le bien et le mal par soi-même; de connaître sa fragilité et la honte, c'est-à-dire de sentir la non-adéquation de soi à soi pour en devenir responsable ; capacité de refuser la présence de Dieu en sa vie pour être soi-même autrement dit pour être homme. Tous les mythes des origines constatent cet acte initial de révolte contre l'innocence infantilisant qui fait qu'on est sans être et contre la tutelle des dieux, pour acquérir sa liberté et la civilisation humaine. Les conséquences en sont douloureuses mais aussi libératrices : l'homme sort du domaine de Dieu pour conquérir le sien propre. Sa présence au monde devient proprement existence, pour adopter le langage des existentialistes. Jeté hors de l'enceinte divine, il devient son propre projet, sa propre construction, responsable de ce qu'il veut être. C'est là aussi tout l'équivoque : il refusera d'être le gardien de son frère, comme il se mettra à la recherche de son lieu pour construire une communauté. Et pour cela il refusera tout esclavage et tout asservissement. Peut-être est-ce ici le nœud du libéralisme d'où sortent toutes les orientations possibles à la manière des branches d'un arbre, et qui résiste à tout travail de dissection. Cela explique la difficulté que nous avons à cerner déjà le terme.

Car le mot libéralisme dérive de celui de liberté ; la liberté en est le contenu. Nous lisons, en effet, dans le Dictionnaire de l'Académie française (1945, p. 179) :

« *Libéralisme, doctrine morale et philosophique qui réclame pour tous la liberté des opinions et la liberté de conscience. Il se dit aussi d'une doctrine civile et politique suivant laquelle il faut donner aux citoyens le plus de libertés possible et le plus de garanties possible contre l'ingérence de l'Etat ou l'arbitraire du gouvernement. Il se dit également d'une doctrine économique qui s'oppose aux théories protectionnistes et étatistes* ».

La liberté est donc le contenu essentiel du libéralisme. Mais le terme liberté est un terme polyvalent et très complexe selon l'objet visé et le domaine où l'on se place : philosophie, éthique, politique, économique, physique, civil, etc. On parle aussi de liberté naturelle et de liberté individuelle…

« *L'homme est né libre et partout il est dans les fers* », déclare Jean-Jacques Rousseau au 18ème siècle, dans le Contrat Social, liv. 1, chap. 1. N'est-ce pas la place de l'individu dans la société que Rousseau cherche en dernière analyse à déterminer, le rapport des libertés individuelles dans un Etat libre ? Et quand Voltaire, le type même du 18èm siècle, dans son enthousiasme, écrit dans le *Mondain* :

« *J'aime le luxe et même la mollesse,*
Tous les plaisirs, les arts de toute espèce
La propreté, le goût, les ornements (...)
Le superflu, chose très nécessaire (...) »,

Ne célèbre-t-il pas la joie de vivre dans son siècle, profitant des biens faits de la civilisation et du progrès, mais aussi la liberté d'user des biens de la terre, sans tabou religieux ou éthique, autrement dit le libéralisme ?

Le point de vue qui nous intéresse, c'est le rapport du libéralisme et de l'humanité ou plus précisément l'apport du libéralisme à l'humanité. Pour se faire nous l'abordons sous plusieurs aspects, et en l'occurrence, dans sa genèse, c'est-à-dire dans son émergence historique. Dans cette étude nous nous pencherons d'abord sur les prémisses avant d'aborder les aspects philosophiques, politiques et éthiques puis, en un dernier temps, les aspects économiques. Il ne s'agira donc pas d'une histoire du libéralisme dans toutes ses étapes jusqu'à ce jour, mais seulement d'un regard sur ses commencements.

LES PREMISSES DU LIBERALISME

Faut-il remonter jusqu'aux penseurs grecs pour retrouver les traces de la tradition libérale ? De fait depuis les sophistes pour qui l'homme est la mesure de toutes choses (Protagoras), et le précepte socratique du « *connais-toi-même* », certains penseurs comme Aristote, Epictète ou les courants de pensée comme le stoïcisme, l'épicurisme et le cynisme ont affirmé la primauté de l'individu. Cependant pour Aristote, « *l'individu pris isolément est incapable de se suffire à lui-même* ». (Politique 1253 a 27). Pour lui en effet, « *la Cité est par nature antérieure à la famille et à chacun de nous pris individuellement*» (Politique 1253 a 19) et le bien de l'individu s'identifie avec celui de l'Etat. (Ethique à Nicomaque, livre 1, p. 5, Garnier Flammarion) Par ailleurs, ce qui caractérise la Cité d'Athènes, c'est l'échange de la parole, la discussion, la liberté d'expression. L'*agora* comme lieu d'échange des idées et des opinions est une réalité dans la vie ordinaire de la Cité grecque. Pour les stoïciens et les épicuriens ce qui compte, c'est la conquête de sa liberté personnelle qui conduit au bonheur, soit en étant indifférent à tout afin de parvenir à un état sans trouble, soit en se contentant de peu, c'est-à-dire du juste nécessaire pour atteindre l'ataraxie.

Dans le christianisme, nous signalons rapidement quelques faits. Le premier, c'est que le Christ est venu libérer les hommes. Le chrétien est appelé à la liberté (Ga 5, 13) et pour lui « *tout est permis* » selon l'expression de St Paul, mais tout n'est pas profitable (1 Co 10, 23). Mais l'Apôtre continue : « *Que nul ne cherche son propre intérêt, mais celui d'autrui* » (1 Co 10, 24). Un deuxième fait est la reconnaissance du choix de la conscience. Dans le catholicisme par exemple où l'autorité a une certaine importance, personne n'a le droit d'aller contre sa conscience. La conscience est le lieu de la liberté inviolable de la personne humaine. La liberté de conscience est inscrite au cœur de l'Evangile. Seulement il faut travailler à éduquer sa conscience. Il faut s'exercer au discernement, signe d'un esprit équilibré. Enfin l'avènement de la reforme protestante a été un grand tournant dans le rapport de l'individu avec l'autorité et avec la vérité. La reforme protestante avec Martin Luther (1483-1546) met l'accent sur le « libre examen ». Désormais le croyant, laïc ou clerc, chacun individuellement, interprète les Saintes Ecritures selon ce qu'il entend et ne compte plus sur l'interprétation officielle de l'Eglise. L'Eglise ne détient plus seule la vérité. En plus pour lui les pratiques deviennent secondaires pour le salut, car seule compte la foi. Le chrétien protestant sera donc plus libre dans son agir à l'égard des biens de la terre, le commerce, la recherche de la richesse, etc. Cette liberté s'accentue chez Jean Calvin (1509-1564), pour qui, Dieu ayant déjà prédestiné chaque homme, sans que ses actions aient une influence quelconque dans ce choix, l'homme est donc libre de travailler à sa réussite matérielle qui sera même un signe de l'élection divine. C'est pourquoi les pouvoirs publics doivent laisser les hommes libres dans leur action. Par contre, dans le catholicisme, la perspective du jugement dernier au cours duquel Dieu jugera les hommes sur leurs actes, rend timides ses adeptes dans leur engagement dans la recherche des biens de la terre. De fait les fondateurs du libéralisme sont, pour la plupart, des protestants.

Outre la Réforme, nous pouvons compter quelques précurseurs. Avec la Renaissance un nouvel esprit prend naissance qui donne une nouvelle manière de voir le monde et de se conduire. On se détache de l'autorité d'Aristote incarnée par les scolastiques pour retourner à la valeur de l'inspiration individuelle et à l'invention. On commence à réclamer plus de liberté pour sa pensée et son action. Machiavel (1469-1527) sort par exemple la politique de l'enceinte de l'éthique pour la placer dans la neutralité de la science. Ce faisant, il donne la liberté d'action à la politique. Grotius (1583-1645), avec *le De jure belli ac paci* (*Droit de la guerre et de la paix*), publié en 1625, pose l'individu comme fondement du droit naturel. Or c'est ce droit naturel qui constitue désormais le motif essentiel qui pousse les hommes à s'associer pour former un corps politique. Finie la Cité bonne d'Aristote, finie la Cité basée sur la Providence divine que prônait l'Eglise. Grotius est le maître à penser de l'Ecole moderne du droit naturel. Et le droit naturel est une des caractéristiques du libéralisme. Grotius a beaucoup influencé la Déclaration des Droits de l'Homme et du Citoyen de 1789 qui est, elle-même, caractérisée par son libéralisme. Grotius qui dit que le peuple peut perdre ses droits à la suite d'une conquête ou les aliéner par un pacte de soumission, perdant ainsi sa souveraineté, lui reconnaît tout de même le droit de résistance jusqu'à la prise des armes lorsque le Souverain ne respecte pas les lois fondamentales établies avec ses sujets lors de la convention établie entre eux.

Dans la même ligne, le *Léviathan* de Hobbes (1588-1679), malgré son allure absolutiste, est une défense de la liberté individuelle. Le pouvoir ramassé entre les mains d'un seul par contrat, est une ruse pour sauvegarder la liberté individuelle et assurer la sécurité de chacun des contractants ; c'est pour que l'homme ne soit plus un loup pour l'homme et que la vie pacifique soit possible. Le contrat montre en fait que l'homme n'est pas par nature *zoon polikon,* un animal politique, mais que c'est par une convention que l'homme vit en société. Ainsi l'individu précède la société. Et celle-ci ne sera légitime que si elle répond aux attentes des individus. L'individu devient la fin et la matière du corps politique. En ce sens Hobbes est un des fondateurs de la pensée libérale moderne.

Spinoza (1632-1677) est aussi un des maîtres de la rupture avec la tradition. Il fait l'exégèse de la Bible en ce sens et surtout pour affirmer le droit de penser et de s'exprimer, c'est-à-dire pour réclamer la liberté. « *La liberté de penser et de dire mon sentiment, écrit-il à Oldenburg, je désire défendre par tous les moyens* »(S. Zac, 1973, p. 476). Dans le *Traité théologico-politique*, il conclut son herméneutique de l'Ecriture Sainte en affirmant que c'est l'ignorance qui fait de la Bible un lieu d'intolérance et de division. L'Ecriture sainte est plutôt un trait d'union dans le respect de la liberté de penser et de philosopher. Quant à la société, elle est une association qui permet à l'individu d'être en sécurité pour se donner librement à ses entreprises et profiter des loisirs pour cultiver sa raison. Le but de l'Etat est la paix, une paix qui ne s'appuie pas sur la force, mais sur la concorde des citoyens dans le respect de leurs libertés individuelles.

Pufendorf (1632-1694), va dans la même direction que Grotius. *Dans le Droit de la nature et des gens,* il organise les trouvailles de celui-ci pour mettre en place le droit naturel, contribuant ainsi à émanciper, dans le champ de la politique, la raison et à affranchir le droit de la tradition et de la théologie, délimitant le domaine de la loi et le rôle de l'Etat. Pufendorf est l'un des maîtres de Rousseau. Il est l'objet d'admiration des encyclopédistes. A ceux que nous venons de citer nous pouvons joindre tous ceux qui ont lutté pour la tolérance, et ils sont nombreux. John Milton (1608-1674) plaide dans ses œuvres pour la liberté et la dignité humaine, car il n'est de vertu que libre et tout ce qui entrave cette liberté est insulte à la dignité humaine. Pour lui, la vérité ne peut être atteinte que par la confrontation des idées et par l'effort d'une pensée libre et dynamique. Il soutient le principe que les gouvernants ne sont que des mandataires du peuple et doivent rendre compte de leur gestion. La démocratie, même si elle n'est pas le libéralisme, a une affinité avec le libéralisme. Roger Williams (1606-1683) prône la tolérance universelle et crée des Etats en ce sens : Providence accueille les « hérétiques » et les indésirables des autres colonies. Pour lui l'Etat doit être laïc, sinon il devient une aberration.

LE LIBERALISME POLITIQUE

C'est avec John Locke (1632-1704) que beaucoup d'auteurs font commencer le libéralisme. Il pose à la suite de ses prédécesseurs, les fondements de la philosophie libérale moderne. Il organise et développe les thèmes principaux du libéralisme : la théorie de droits naturels, la limitation et la séparation des pouvoirs, la justification de la désobéissance civile, l'affirmation de la liberté de conscience, la tolérance et la séparation de l'Eglise et de l'Etat, la laïcité de l'Etat. On retrouve donc chez lui les principes fondamentaux du libéralisme politique et même certains principes donneront naissance au libéralisme économique : 1^0 Le refus de l'absolutisme. Le pouvoir n'est légitime que quand il protège les citoyens et non quand il les soumet. 2^0 Le peuple est souverain même s'il exerce sa souveraineté par l'intermédiaire de la représentation. 3^0 L'individu et ses libertés sont des valeurs inaliénables. L'individu est autonome par rapport au pouvoir et à la société. La place de l'individu est mise en évidence dans une telle philosophie. Il sera libre de ses actions et de ses entreprises. 4^0 L'Etat doit être neutre dans son rapport avec les croyances et les convictions. La philosophie de Locke sera reprise et soutenue par les lumières françaises, l'*Aufklärung* allemand et par certains philosophes américains. Nous voyons de grands noms qui défilent : Montesquieu, Rousseau, Condorcet, Kant, Thomas Jefferson, Benjamin Franklin.

Montesquieu, sensible à l'opposition entre pouvoir et liberté, se penche sur la séparation des pouvoirs. Et dans la ligne de Locke, il estime que la représentation politique offre

« *la meilleure espèce de gouvernement que les hommes aient pu imaginer* ». Il tient à l'équilibre entre l'exécutif et le législatif afin de conserver la liberté et l'indépendance des citoyens. Il applique (1972, p. 292) ainsi le principe de modération par la distribution des pouvoirs de l'Etat et par la représentation des citoyens libres. « *La liberté ne peut consister qu'à pouvoir faire ce que l'on doit vouloir, et à n'être point contraint de faire ce qu'on ne doit pas vouloir* ». La liberté c'est le pouvoir de faire tout ce que les lois permettent mais pas plus. Cette liberté politique « *ne se trouve que dans les gouvernements modérés* (là où) *le pouvoir arrête le pouvoir* » (Ibid, p. 293). La liberté politique devient chez lui « *la tranquillité d'esprit qui provient de l'opinion que chacun a de sa sûreté* ». L'homme n'est libre que par la médiation et sous la protection de la loi. Les lois n'étant que des applications particularisées de la raison humaine.

Dans cette liste le cas de Rousseau est intéressant et paradoxal. Le libéralisme est, en effet, la doctrine selon laquelle l'individu a des droits inaliénables comme la liberté de conscience et d'expression. Rousseau peut donc être compté parmi les libéraux. Il refuse quelque aliénation que ce soit de la liberté. Et s'il est dur à l'égard de Grotius, c'est parce que celui-ci ouvre une brèche en permettant qu'on puisse aliéner sa liberté. Il est vrai que la volonté générale a la souveraineté et peut forcer un individu à être libre, mais la volonté générale se présente aussi comme la conscience ; elle est intérieure à chacun. Si Rousseau critique le libéralisme, c'est une critique interne. Il se réapproprie les promesses du libéralisme naissant pour dénoncer les insuffisances du libéralisme doctrinal. Il défend les droits individuels. Il se soucie de l'indépendance de l'individu dans les rapports sociaux et, en particulier, dans les relations économiques. Il soutient la propriété privée. Cependant dans *l'Emile*, Rousseau voit la nécessité de gouverner la liberté par l'éducation et la législation. Le laisser être ne peut être un laisser faire, ni un laisser aller. Il ne faut pas oublier que le mal ne vient pas de l'individu. Chez Rousseau le péché originel n'existe pas, puisque l'homme naît innocent. C'est la vie en société qui est responsable des distorsions. D'où la nécessité de l'encadrer. L'*Emile* est la conjugaison du naturalisme qui se vit dans la *Nouvelle Héloïse*, base du libéralisme et de la canalisation du libéralisme. Rousseau va dans le sens de la modération, contraire à l'enthousiasme de Voltaire. Il serait un précurseur de Kant.

Comme chez Rousseau, le libéralisme de Kant est un libéralisme républicain. Nous en trouvons les principes dans *La Paix perpétuelle.* 1° La constitution républicaine de l'Etat implique que le consentement des citoyens est nécessaire pour toute action importante comme déclarer ou non la guerre. 2° La fédération d'Etats libres, une fédération pacifique adhérant à une constitution, par laquelle la liberté de chacun est assurée. 3° « Le droit cosmopolitique doit se restreindre aux conditions de l'hospitalité universelle ». Cela veut dire que l'étranger a le droit de ne pas être traité de façon hostile. Comme chez Locke et Montesquieu, chez Kant, la philosophie libérale a la prétention de substituer « le gouvernement des lois» au pouvoir du monarque de droit divin. Car *« là où il n'est pas de loi, il n'est pas de liberté* » (Locke). La loi fondée sur la séparation des pouvoirs protège l'individu et contraint l'Etat. C'est la défense de la liberté individuelle qui marque le libéralisme. Voici comment Kant la définit : « *La liberté est l'autorisation de n'obéir à aucune autre loi extérieure que celles auxquelles j'ai pu donner mon assentiment* »(Note de la 2è section de vers la paix perpétuelle). Kant est un des représentants de l'école libérale des droits naturels. Un tel libéralisme tient la vie humaine pour sacrée et inaliénable. Nous comprenons alors le principe kantien (2000, p. 150) : « *Agis de telle sorte que tu traites l'humanité aussi bien dans ta personne que dans la personne de tout autre toujours en même temps comme une fin, jamais simplement comme un moyen.* ». Ce principe se décline en droits individuels rationnels, sans cesse extensible à des champs nouveaux pour la libération de la personne humaine. Kant se penche également sur la question du cosmopolitique et présente une assemblée universelle. La Déclaration des droits de l'homme et du citoyen de 1789 constitue une synthèse de toutes les déclarations antécédentes (Le Magna Carta de 1215, The Bill of Right de 1689, la Déclaration américaine de 1776 etc.). Elle traduit une véritable rupture avec l'Ancien Régime et marque la fin de la monarchie absolue. Fruit d'une révolution bourgeoise, selon l'expression de Karl Marx, elle est marquée par le libéralisme. Son but premier est de protéger les droits individuels, les droits libertés, tout en limitant le pouvoir de l'Etat.

LE LIBERALISME ETHIQUE

Voltaire trouve dans la pensée de John Locke une doctrine qui s'adapte à son idéal positif et utilitaire. Il tire de cette doctrine l'axe de sa morale : la tâche de l'homme est de prendre en main sa propre destinée en embellissant la vie par les arts et les sciences. La vertu est dictée par le sentiment et l'intérêt. Il lutte pour la tolérance et le respect de la liberté de conscience et d'expression. Dans *Le Mondain*, Voltaire adopte une attitude épicurienne en faisant l'apologie du luxe, de la légèreté, du plaisir et de l'action. Il situe l'homme dans la perspective matérialiste de son épanouissement sur la terre des hommes. La recherche du bonheur terrestre l'emporte sur le désir du salut éternel. *Le Mondain* est le contre-pied des croyances et des valeurs religieuses qui fondent le bonheur sur l'austérité et le sacrifice. Il est hymne à la vie et aux plaisirs du monde terrestre. « *Le paradis terrestre est où je suis* », tel est le dernier vers de cet hymne. Cependant à la différence du Marquis de Sade, Voltaire ne prône pas la débauche ni la luxure. Il propose plutôt un équilibre entre les plaisirs et la vertu.

Dans *Les Cent Vingt journées de Sodome* (1785), Donatien Alphonse François de Sade (1740-1814) construit le « monde parfait » de la production sexuelle avec pour but la « jouissance absolue », celle des libertins. Sade propose une vision plus radicale que celle des physiocrates qui voyaient dans la rationalisation de l'agriculture le seul avenir de l'économie. « Chez lui, nous dit Patrick Vassort dans *Le Monde diplomatique* d'août 2007, le rapport au corps devient tayloriste avant Taylor. Car il répond aux exigences de la production sexuelle et corporelle dans le sens du plus grand rendement comme l'exige aussi la recherche névrotique du capital dans sa volonté de production, de reproduction et de développement »(p. 20). Chez Sade nous sommes en présence d'un libéralisme pervers, c'est-à-dire un libéralisme qui s'adresse aux pervers et aussi une perversion du libéralisme. Le slogan de Mai 1968 rejoignait-il Sade dans son libéralisme absolu : « *Il est interdit d'interdire* ». Sade a en effet poussé cette logique jusqu'à sa limite, celle du paroxysme absurde et en démontre la perversité. « *En accordant la liberté de conscience,* [...] *on doit accorder celle d'agir* ». Et cette nouvelle disposition n'augmente pas le crime, car le crime est ce qui est interdit par la loi. Et si la loi n'interdit presque rien, le crime non plus n'existera pas. Pour lui, si une loi ne prend pas en compte l'individu elle est injuste. Une bonne loi ne peut « *exiger que des hommes de caractères inégaux se plient à des lois égales* », sans violer le principe d'égalité. C'est le refus de la souveraineté du droit au nom de la souveraineté de l'individu.

LE LIBERALISME ECONOMIQUE

Aujourd'hui, quand on parle du libéralisme économique on voit comme le disait Karl Marx, « *la liberté du renard dans un poulailler libre* ». La remarque de Marx vaut sûrement pour l'ultralibéralisme. Ce qui marque les débuts du libéralisme économique, c'est l'analyse des rouages économiques qui fait de l'économie une science indépendante de la morale et de la religion. Il s'agit de défendre la liberté individuelle sur le marché, de laisser libre cours à l'entreprise et, pour l'Etat, d'intervenir le moins possible. Parmi les premiers nous trouvons les physiocrates dont François Quesnay (1694-1774). Auteur du *Tableau économique* considéré comme le premier vrai ouvrage économique, il rénove la pensée dans deux directions. Il fait la distinction entre ce qui fait la richesse du souverain et ce qui fait celle de la nation. Les deux ne vont pas toujours ensemble. Ensuite il propose un circuit économique autonome, capable de se réguler seul si on le laisse faire. Pour lui c'est la production agricole qui est la source de la richesse et non pas le commerce, et le circuit autonome des échanges de la production relie trois classes : la classe des producteurs composée des agriculteurs, la classe des propriétaires que sont le Prince, l'Eglise et les propriétaires terriens, et enfin la classe stérile qui comprend tous ceux qui sont actifs en dehors de l'agriculture.

Adam Smith (1723-1790) constitue un tournant dans l'histoire du libéralisme économique au point que certains y placent le commencement. Les *Recherches sur la nature et les causes de la richesse des nations* (1776) posent les bases du libéralisme économique. Pour Adam Smith, la recherche de l'enrichissement est un trait commun à tous les hommes et naît d'une illusion naturelle qui excite « *l'industrieuse activité des hommes et les tient dans un mouvement continuel* ». Cette illusion est la confusion de la recherche du plus grand bonheur avec la recherche des moyens pour l'obtenir, l'enrichissement. A la base du libéralisme économique, il y a donc la liberté et l'activité qui produisent une accumulation du capital. Le capital est l'argent qui permet d'acheter non seulement les choses mais aussi le travail des autres.

Par ailleurs Adam Smith fait la distinction entre travail productif et travail improductif. Le travail productif produit une valeur ajoutée tandis que le travail non productif n'a pas cette valeur ajoutée. C'est la différence entre le travail d'un ouvrier de fabrique et celui d'un domestique. Dans la société il faut une juste proportion entre les travailleurs productifs et les improductifs. Plus il y a de travailleurs improductifs, moins la nation est riche. Pour Adam Smith le riche est un bienfaiteur public qui stimule le travail des autres et accroît la richesse de la nation. La bonne organisation est source de prospérité, car la plus-value ne vient pas d'une exploitation du travail de l'ouvrier mais de la bonne organisation. Il faut donc organiser le travail productif de façon à accroître la rentabilité. Cette organisation consiste dans la division du travail et la spécialisation dans des taches particulières précises. La bonne organisation du travail dégage plus de profit. Le profit est la différence entre l'argent avancé au travailleur et le prix des marchandises produites. Il ne s'agit donc pas de travailler plus, mais de travailler mieux, c'est-à-dire de façon plus productive. L'accroissement du capital se produit naturellement si on laisse les hommes libres de leurs activités. Adam Smith parle alors d'une main invisible pour dire que l'ordre se crée lui-même naturellement et qu'on n'a pas besoin d'intervenir pour régler quoi que ce soit. Il ne faut donc pas que l'Etat vienne troubler cet ordre par une intervention quelconque. C'est naturellement que le capital va où il est le plus rentable. Dans ce circuit le riche et le pauvre ont des intérêts convergents.

Pour Adam Smith, l'homme a un penchant naturel à l'échange. Et cet échange ne vient pas de la bienveillance mais de l'intérêt personnel de chacun. « *Ce n'est pas de la bienveillance du boucher, du marchand de bière et du boulanger que nous attendons notre dîner mais bien du soin qu'ils apportent à leurs intérêts. Nous ne nous adressons pas à leur humanité mais à leur égoïsme.* » Le libéralisme est naturel à l'homme. Or l'échange exclut la force et la violence. Le militaire doit alors céder la place au marchand. Le libéral est pacifiste. Comment alors organiser le marché ? Le marché économique doit s'organiser tout seul pour l'harmonie des échanges. Et c'est le travail qui est la mesure de la valeur échangeable de toute marchandise et non pas le besoin. « *Le prix réel de chaque chose, ce que chaque chose coûte réellement à celui qui veut se la procurer, c'est le travail et la peine qu'il doit s'imposer pour l'obtenir... Le travail a été le premier prix, la monnaie payée pour l'achat primitif de toutes choses. Ce n'est point avec de l'or ou de l'argent, c'est avec du travail que toutes les richesses du monde ont été achetées originairement.* » Pour Smith, le prix du travail est fixé par le marché au bout d'un accord libre où chacun trouve son intérêt.

A partir de ces quelques noms(Jérémy Bentham, Jhn stuart Mill, Benjamin Constant, Jean-Baptiste Say...), on peut dire que ce qui marque donc le libéralisme, c'est la liberté des agents économiques. Elle est fondamentale et indispensable pour la croissance ; c'est ensuite le libre-échange entre les nations, la libre circulation des biens et des personnes pour employer le langage de l'actualité ; c'est encore la distinction efficace entre le travail productif et le travail improductif dont le rapport dans la société est d'une importance capitale pour sa croissance économique ; c'est enfin la conviction que la richesse de la nation profite à tous sans qu'on ait besoin de l'intervention de l'Etat. Le rôle de l'Etat est d'être le garant des libertés individuelles et de tout faire pour augmenter le bonheur collectif.

CONCLUSION

Notre étude s'est centrée sur la genèse du libéralisme avant que son sens ne soit monopolisé dans un sens, celui de la libération économique, qui devient la « liberté du renard dans un poulailler libre». Celui de l'ultra-libéralisme du laissez-faire économique. Ce qui caractérise le libéralisme en ses débuts, c'est surtout une lutte pour les libertés individuelles face au pouvoir de l'Eglise et à celui de l'Etat, tous deux absolus. Tous ceux qui ont lutté pour les droits de l'homme y ont œuvré. Le point culminant est la Déclaration des droits de l'homme et du citoyen de 1789 qui rassemble tous les acquis des déclarations précédentes et les conquêtes des penseurs et philosophes, des témoins et des martyrs de la cause de la dignité de l'homme, depuis la Renaissance. Malheureusement le libéralisme se détournera de son premier sens pour en revêtir un péjoratif et prendre le sens de prédateur de libertés sous couvert de la liberté. Ce sens a été favorisé par l'optimisme béat et imprudent des philosophes des Lumières qui dans l'euphorie de leur lutte contre l'obscurantisme et la tyrannie, n'ont pas tenu compte de la nature paradoxale de l'homme puisque l'homme désormais a pour nature la liberté, une réalité qui échappe à toute saisie et à toute prise. La responsabilité de l'homme d'aujourd'hui serait alors de clarifier le rapport de l'homme à lui-même et à son environnement physique, socio-culturel, religieux. Le développement durable est un premier pas pour une nouvelle réappropriation de l'humanité de l'homme dans toutes ses composantes.

SOURCES JUDEO-CHRETIENNES DU LIBERALISME HUMANISTE

Mawuto R. AFAN,
UCAO-UUA afanop@hotmail.com

INTRODUCTION

Lorsqu'on considère les éléments que le christianisme et le libéralisme ont en commun, on peut dire qu'un chrétien ne peut pas attaquer le libéralisme sans saper les fondements philosophiques du christianisme, et réciproquement. Toutefois, le terme libéralisme renferme une équivoque : en Europe, le libéralisme est synonyme de capitalisme sauvage et de liberté d'entreprendre ; cette liberté est reconnue aux seuls détenteurs des capitaux aux dépens des salariés. Aux USA le libéralisme désigne le courant culturel et politique qui pose le progrès social et les libertés des mœurs et des opinions, comme conditions de la liberté individuelle.

Si on se rapporte à l'origine philosophique du terme, c'est à l'évidence le sens nord américain qui s'impose. Car le libéralisme est une invention des Lumières contre les formes conservatrices traditionnelles-religieuses et inégalitaires du pouvoir sociétal. Au départ, il vise à promouvoir le progrès politique, social et culturel pour tous. Considérant que cet idéal a été de tout temps celui de la culture judéo-chrétienne, on peut émettre l'hypothèse selon laquelle l'équivoque que renferme le libéralisme procède d'un véritable détournement de sens visant à présenter les chrétiens comme des ennemis de la liberté, comme des anti-libéraux.

LA LIBERTE AU SENS TRADITIONNEL CHRETIEN

Les sociétés fondées sur la référence à une puissance divine ne reconnaissent la liberté que comme capacité à choisir entre le bien exigé par Dieu et le mal dont une des sources réside dans le corps et les passions humaines, particulièrement, dans le désir égoïste illimité de possession et de jouissance. Ce désir est naturel mais il est aussi source de conflits, de guerres et de violences. Dans ce contexte, les hommes ne peuvent vivre sans s'entredétruire qu'en se soumettant volontairement et sous la menace de sanction post-mortem, à la volonté divine inscrite dans des textes sacrés et relayée par l'autorité, morale et politique. La liberté est donc ambivalente : elle est à la fois puissance du mal et puissance du bien. Aussi doit-elle être encadrée par la puissance ecclésiale et politique pour être orientée au bien.

Avant la Révélation, les hommes avaient l'impression d'être manipulés par les dieux avec parfois des conséquences mortelles. La Révélation fait découvrir un Dieu qui n'est ni tyran capricieux, ni prédateur, ni abstraction lointaine. Les hommes se sentent libérés et comprennent qu'ils peuvent infléchir le cours de l'histoire dans un sens humain. C'est ainsi que l'éthique biblique a apporté au monde la liberté : l'éthique biblique apporte une sensibilité inédite à la souffrance humaine, un esprit de *rébellion contre l'idée de la normalité du mal*. Les prophètes hébreux exigent, au-delà du simple *mishpat* – la justice naturelle, qui consiste à « rendre à chacun le sien » selon une règle d'égalité – une *tsedaqa*, une justice nouvelle qui consiste non pas seulement à réparer le mal qui a été commis, donc à laisser inchangée la proportion de mal et de bien existant dans le monde, mais à créer les conditions d'un monde meilleur. Les prophètes qui interpellent les rois d'Israël en leurs palais ne veulent pas seulement que les rois « rendent la justice », c'est-à-dire veillent à ce que soient restitués aux pauvres les biens qui leur ont été volés, mais qu'ils « créent la justice », qu'ils travaillent à ce qu'*il n'y ait plus* de pauvres. Il ne suffit pas de réparer les torts causés ; il faut encore combattre même le mal qui se commet dans le monde. C'est aussi la révélation spécifique du *Livre de Job* : dans le mal subi, Job entend la Parole de Dieu qui lui commande de lutter *inconditionnellement* contre le mal. La sensibilité nouvelle à la souffrance apportée par la Bible change en effet la perception qu'on a du *temps*. Si le programme moral n'est pas de conserver l'ordre du monde tel qu'il est et revient éternellement, le temps ne peut plus être circulaire. Il n'y aurait pas de sens, en effet, à se donner pour programme de lutter contre le mal, si l'on ne pensait que le futur *ne peut* être différent du passé. Pour que la lutte contre le mal ait un sens, il faut nuancer l'affirmation de l'Ecclésiaste selon laquelle « il n'y a rien de nouveau sous le soleil » (cf. Prologue). L'éthique biblique débouche sur une eschatologie : elle induit un passage à un temps linéaire, le temps de l'Histoire.

Le *Sermon sur la Montagne* (Mt 5) porte à sa maturité définitive cette nouvelle morale : aimez-vous les uns les autres, aimez vos ennemis, c'est-à-dire aimez même sans être payé de retour. En instaurant cette nouvelle éthique, le Nouveau testament a créé la liberté ontologique fondamentale dont les libertés politiques, intellectuelles et économiques ne sont que des modalités. Cette liberté des enfants de Dieu (2Co 3, 17 ; Ga 5, 1) est une liberté qui n'a rien d'égoïste et d'individualiste. Elle se déploie dans l'amour de la vérité, dans l'amour de la parole de Dieu. Le Christ nous dit : « Si vous demeurez dans ma parole, vous êtes vraiment mes disciples ; vous connaîtrez la vérité et la vérité fera de vous des hommes libres ». Sans cette éthique néotestamentaire, les valeurs proprement humaines, politiques et sociales de la liberté, restent toujours fragiles, toujours menacées, sinon déjà perverties. En effet, si *nous sommes réputés être libres*, nous ne sommes plus tenus par une nécessité, un destin. Nous *pouvons* « changer le monde ».

Ce programme moral de transformation historique était inconcevable non seulement dans le contexte du paganisme ancien, mais également dans celui de la philosophie grecque ou romaine dont l'esprit reste intimement lié à ce paganisme. D'Aristote aux stoïciens, le devenir n'est pas autre chose que le passage de la puissance à l'acte. Nul être ne peut escompter, souhaiter ou même concevoir qu'en avançant vers sa maturité, il devienne autre chose que la Forme de son espèce, c'est-à-dire ce qu'il était *déjà* en naissant. Il peut être *moins* que sa Forme (du fait des accidents et des contingences qui peuvent le vouer à rester imparfait, inachevé, contrefait, vicieux), mais il ne sera jamais *plus*. L'homme n'est pas libre de devenir autre chose que ce qu'il est, dans tous les cas pas plus. Et le monde, qui reviendra éternellement, imposera éternellement cette même limite à tous les êtres.

L'éthique biblique rend nécessaire, au contraire, la brisure de l'essence. Elle fait de l'homme, comme l'a dit Levinas, un « autrement qu'être ». L'homme, selon la formule de saint Augustin, est un *irrequietum cor*, un cœur inquiet qui ne peut se reposer dans une essence parce qu'étant *capax Dei*, il peut recevoir en lui l'Infini par rapport à quoi toute essence est néant. Alors que l'Infini, chez les Grecs, était un non-être, la Bible fait de l'Infini la positivité même. C'est ce qui était nécessaire pour que la liberté ait un registre ontologique nouveau, le registre où elle est appelée à s'épanouir. Le concept de liberté implique en effet, par définition, l'indétermination. Si l'indéterminé est pensé comme pure négativité, la liberté n'a aucune valeur. Pour la philosophie gréco-romaine, l'*ousia* est déterminité sans possibilité d'ex-pansion : « Tu ne réussiras pas à couper l'Etre de sa continuité avec l'Etre, de sorte que ni il ne se dissipe au-dehors, ni il ne se rassemble… Peu importe où je commence, car je reviendrai ici. » Selon la Bible, c'est l'Infini qui est la vraie *ousia*. Ainsi, c'est la Bible qui a apporté au monde le registre ontologique seul capable d'ouvrir un champ à la liberté et à la transformation du monde. Le Temps est donc ouvert. L'avenir ne peut manquer de démentir ou de surprendre (agréablement) les attentes humaines.

A partir du moment où l'on admet que le Nouveau peut surgir, que notre monde n'est pas le seul nécessaire, que tout ce qui est pourrait ne pas être, ou être autre qu'il n'est, on reconnaît qu'à tout moment le pouvoir créateur des hommes peut – comme l'a montré Hannah Arendt – être cause de nouvelles aventures humaines, démarrer de nouvelles Histoires.

On est ainsi porté à *respecter* la personne humaine et ses libertés. Toute la foi de l'Occident chrétien a reposé sur la conviction que chaque personne humaine recèle une part d'inconnaissable d'où surgira peut-être l'étincelle créatrice qui ouvrira l'avenir, non pas seulement pour cette personne elle-même, mais aussi, peut-être, pour toute la communauté, par les pensées inédites qu'elle exprimera, par les œuvres qu'elle créera, par les exemples moraux qu'elle donnera, par les entreprises ou les institutions qu'elle fondera. Mais on ne laissera ces personnes librement engendrer ces fragments d'Histoire que si l'on respecte en elles une « étincelle du feu divin » et s'il est, pour ainsi dire, de notoriété publique que le monde n'est pas achevé. Le christianisme, en ce sens, n'est pas seulement important dans la *genèse* de la liberté, il est indispensable pour le *maintien* de la liberté dans la durée.

LE LIBERALISME HUMANISTE

Pour comprendre le libéralisme, il faut avant tout noter qu'il vient de la conception chrétienne traditionnelle de la liberté mais qu'il la refuse. Le libéralisme philosophique apparaît aux 17ème et 18ème siècles comme une rupture radicale avec la vision chrétienne traditionnelle idéale de l'homme social. Le christianisme pense la sociabilité idéale (bonne et juste pour tous), comme fondée sur un amour plus ou moins sacrificiel de soi aux autres. Pour sa part, le libéralisme considère la société comme un agrégat d'individus-propriétaires de leur corps, de leur esprit et de leurs biens ; ils sont des êtres égaux entre eux en droit sinon en fait, dont il faut défendre l'autonomie vis-à-vis des puissances politiques et religieuses. Tout pouvoir collectif ne peux valoir comme légitime (juste et consenti) qu'en vue de définir, de préserver et de garantir leur droit. Ni Dieu ni maîtres absolus ne peuvent et ne doivent faire que les individus se plient sans conditions à leur volonté. Chacun ne doit travailler au service d'un autre que si celui-ci en fait autant dans le cadre d'un contrat négociable garanti par la puissance publique. Pas d'allégeance personnelle, chacun ne s'appartient qu'à lui-même. Toute puissance extérieure, qui ne serait pas approuvée et donc déléguée, est illégitime dès lors qu'elle n'est pas une puissance bénéfique aux intérêts mutuels de chacun. L'intérêt est, en effet, tout ce qui contribue à la mise en œuvre du vrai bonheur ici-bas de chacun et non pas au prétendu bonheur collectif de tous qui ne peut être qu'une fiction absurde.

Ainsi cette liberté individuelle, spontanée, voire naturelle est de fait ego-centrée et égoïste ; chacun est à lui-même sa propre fin et fait des autres, dans le meilleur des cas un moyen, et dans le pire un obstacle-concurrent à écarter, sinon à détruire (symboliquement ou réellement). Elle implique la capacité reconnue d'entreprendre sans se soucier des intérêts des autres, à l'exception éventuelle de ses proches, sinon à ne les considérer que pour se satisfaire soi-même. Plus de fidélité ou d'attachement durable, de soumission à un ordre social immuable, et encore moins transcendant. L'égoïsme est inscrit dans la nature passionnelle des hommes. Loin de prétendre les transformer, ce qui est impossible sans les terroriser, il faut donc les mettre en condition de satisfaire leur égoïsme sans nuire aux autres.

Proche de la conception chrétienne, le libéralisme humaniste s'appuie sur des normes et des valeurs objectives universelles et hiérarchisées. Ces valeurs reposent elles-mêmes sur la structure ontologique de l'homme en tant que personne. Ce concept de personne a lentement émergé depuis Aristote mais a surtout été développé par Saint Thomas d'Aquin et les néo-thomistes. La personne est composée d'une âme spirituelle qui informe et donne vie à la réalité corporelle. On ne peut donc réduire l'être humain à son seul corps. La personne a donc une valeur sacrée.

En tant que « personne », l'homme est, selon une belle expression de saint Thomas d'Aquin, *« id quod est perfectissimum in tota natura »*. Il est une personne douée de raison et de volonté libre. La dignité de la personne exige donc qu'elle agisse selon un choix conscient et libre. Cette sphère raisonnable d'autonomie doit être protégée. En effet, la personne, de par sa nature, a d'abord une valeur pour ce qu'elle est et non pour ce qu'elle fait. La personne ne se résume donc pas à sa capacité d'autodécision. L'homme reste homme, même s'il n'exerce plus, pour des raisons accidentelles, ou n'exerce pas encore, ses facultés mentales.

Le libéralisme humaniste se fonde sur la vertu de la tolérance : ce qui ne veut pas dire qu'il se traduise par un laxisme sans borne. La tolérance suppose les limites du tolérable. L'Homme est un animal social. En cela, le libéralisme n'est pas l'individualisme. L'humain est un être qui n'est pas a priori indépendant ; il est un être social, intégré dans cette société, et c'est ce caractère social qui est le moteur naturel de l'interaction humaine et de la coopération volontaire. Le libéralisme est un humanisme, voire un personnalisme. La philosophie libérale est profondément humaniste et optimiste, elle croit au potentiel de l'individu et aux bienfaits de la conjonction des actions humaines. La philosophie libérale est aussi essentiellement créatrice, orientée vers l'avenir.

RAPPORTS ENTRE LIBERALISME ET CHRISTIANISME

Ce que le libéralisme et le christianisme ont particulièrement en commun, c'est une partie du décalogue. Parce que, correctement entendu, le libéralisme n'est que la mise en œuvre de quatre des dix commandements : « Tu ne voleras pas », « tu ne désireras pas injustement le bien d'autrui », « tu ne mentiras pas, tu n'assassineras pas ». Évidement, tout le monde peut prétendre respecter ces règles. Mais le libéralisme se distingue en ce qu'il ne s'en remet pas à un législateur pour définir le voleur et l'assassin, mais le fait en termes objectifs. Par exemple, le voleur n'est pas celui qui ne passe pas par les procédures étatiques reconnues pour s'emparer du bien d'autrui, mais celui qui s'empare du bien d'autrui sans son consentement. Non seulement le libéralisme est compatible avec le christianisme, mais il jaillit directement ou indirectement de ce dernier. C'est la Révélation biblique qui a produit peu à peu, dans le monde méditerranéen et européen, les profondes transformations socio-politiques qui ont abouti aux démocraties libérales modernes.

René Girard a établi que la religion biblique, en retenant comme vérité religieuse la parole des victimes des mécanismes de bouc émissaire, et non le mythe, a brisé la vieille logique des sociétés magico-religieuses. Ces sociétés soutenaient l'unanimité et interdisaient la critique. Elles étaient incapables de toute innovation. Jusqu'à l'arrivée du Christ, les hommes offraient des sacrifices humains aux dieux. Avec le Christ, c'est désormais Dieu qui se sacrifie à l'homme. C'est seulement au 17ème siècle qu'on a commencé d'entrevoir la portée de cet enseignement de l'évangile. Girard nous montre à l'œuvre, à cette époque, la mécanique du *bouc émissaire*, le lynchage original. Quand il y avait des grandes crises, des pestes, des fléaux, etc., les gens les attribuaient à la présence de pécheurs, de grands coupables au sein de la communauté dont il faut se défaire. Mais avec le christianisme, il y a eu renversement de perspective.

Le christianisme a déterminé un dualisme fécond du pouvoir spirituel et du pouvoir emporel qui est la source lointaine, mais directe, de la démocratie. Le principe de la démocratie est en effet que le pouvoir d'État n'est pas sacré et n'est pas détenu par des hommes divins ou providentiels, donc infaillibles, mais que la vérité émerge au sein de la société civile et qu'il doit donc exister des procédures institutionnelles organisant le contrôle des gouvernants. Cette idée a pour origine l'attitude critique des prophètes à l'égard des rois dans l'Ancien testament, confirmée par la parole de Jésus : « Rendez à César ce qui est à César et à Dieu ce qui est à Dieu ». Le christianisme a joué un rôle essentiel dans la promotion des libertés modernes qui se sont véritablement épanouies dans l'humanisme.

Pour plusieurs contemporains influencés par la propagande anti-chrétienne, le christianisme est incompatible avec la liberté de conscience inséparable du concept de libéralisme. On peut

montrer au contraire que le christianisme inspire la plus pure et la plus intransigeante de l'esprit critique. L'esprit scientifique a mieux prospéré dans l'Europe moderne grâce à un élément nouveau qui s'était mêlé à la vieille rationalité grecque. Cet élément a consisté dans la conscience qu'ont eue les théologiens et les philosophes du monde chrétien des *limites de la raison humaine*. Ainsi, la prise de conscience des limites de la raison humaine, peut l'aider à interroger ses certitudes :
pour progresser vers la *vérité*, il faut commencer par sacrifier la *certitude.*

On peut réellement soutenir que c'est l'esprit chrétien qui a prédisposé l'homme occidental à reconnaître en lui d'une part l'« ignorance », puisqu'il est créé et pécheur, et d'autre part la possibilité de changement, puisque l'histoire n'est pas Éternel Retour mais Temps ouvert. La genèse des institutions de liberté a un lien essentiel avec le christianisme : toutes les institutions de liberté sont des adaptations au fait fondamental de l'ignorance ; elles sont forgées pour permettre d'affronter les changements, non la certitude. Le libéralisme n'est pas opposé au christianisme, (Ibid, p. 407) précisément parce que l'un et l'autre reconnaissent les limites de la raison humaine. Michael Polanyi a soutenu que la liberté a été sauvée en Europe lorsque, aux élections de 1946, l'Italie a voté pour la démocratie chrétienne contre le communisme. Beaucoup d'incroyants ont voté avec la majorité catholique, dit-il, parce qu'ils ont senti que les libertés des Lumières seraient mieux préservées dans le cadre d'une société chrétienne que dans celui d'une société communiste. La caractéristique propre des sociétés chrétiennes, qui les rend aptes à engendrer et faire vivre des institutions libérales, est en effet, poursuit Polanyi, que leur idéologie réserve explicitement une place à l'« imagination » et donc à l'inconnaissable.

De façon originale, le christianisme a introduit en Occident moderne « les idées de personne et de liberté. Il a brisé le fer du Destin antique en ouvrant la totalité cosmique et sociale jusqu'alors close sur elle-même. Il a ouvert le Destin à la transcendance de Dieu, Lui-même libre de tout Destin (Jean GUITTON, 1997, p. 57). Dans sa liberté, le Christ incarne la véritable nature humaine, la nature achevée : il est le premier Homme nouveau, vers laquelle les chrétiens sont appelés à tendre. Le christianisme est une doctrine de la transformation personnelle de l'homme vers sa véritable nature. C'est la doctrine par laquelle, grâce à la Révélation, l'homme connaît sa véritable fin et les moyens de se conformer à sa véritable nature qui est celle du Christ, modèle de l'homme achevé.

CONCLUSION

Ce sont des circonstances conjoncturelles qui opposent christianisme et libéralisme. Mais ces circonstances ne changent pas la conception commune profonde entre christianisme et libéralisme. Le christianisme et le libéralisme ont une pensée humaniste et proclament l'égale dignité des êtres humains. Cela ne veut pas dire qu'il soit absolument nécessaire de se convertir à la foi chrétienne pour être un libéral humaniste. Il s'agit plutôt d'admettre et de tenir compte que l'humanisme est d'origine et d'inspiration chrétienne : la philosophie libérale et le mouvement des Lumières d'une manière générale n'auraient probablement jamais existé sans le christianisme.

C'est l'éthique biblique qui a apporté au monde la *liberté ontologique fondamentale* d'où découlent toutes les autres libertés. Si christianisme et libéralisme semblent, à certains égards, incompatibles et, à d'autres égards, intimement liés, cette contradiction apparente est due à ce qu'il y a *plusieurs niveaux de libéralismes* dont seuls les plus superficiels sont ou paraissent anti-chrétiens. Il convient donc de se méfier d'un libéralisme qui exalte la liberté individuelle en la soustrayant à toute limitation. De même, il faut rejeter un libéralisme qui considère les solidarités sociales comme de simples conséquences plus ou moins automatiques des initiatives individuelles.(Paul VI, 1971), n° 26.

L'AVENIR DU LIBERALISME DANS LA MONDIALISATION : LA MONDIALISATION, AVENIR DU LIBERALISME ?

AKPOUE Kouassi Clément,
UCAO-UUA

Il va s'agir ici d'avenir. La question est difficile ; car peut-on s'aventurer à parler d'avenir sans sortir du domaine de la connaissance ? sans entrer dans la conjecture ?

Le positivisme comtien d'Auguste Comte avait assigné à la science la tâche de prévoir le futur afin de fournir à l'homme la base rationnelle de son action, afin de préparer les progrès futurs. Rappelons à cet effet sa célèbre formule : « science d'où prévoyance, prévoyance d'où action. »

A cette thèse positiviste, Bergson (1970, p. 99 à 116) avait opposé - dans son essai sur le possible et le réel - l'idée que toute prévision est en réalité « mirage » ou « illusion ». Car le temps n'est pas linéaire et on ne peut par conséquent aligner sur un même plan tous les événements passés, présents et à venir ; de sorte que le présent soit déductible du passé et le futur lisible dans le présent. Pour Bergson, le temps est durée ; et au fil de son écoulement « la réalité se recrée, imprévisible et neuve… ». D'où l'impossibilité à prévoir la réalité à venir.

Pourtant, il faut bien convenir que prévoir, c'est-à-dire se projeter dans l'avenir, est inévitable à l'homme. Impossible à l'homme de s'empêcher de prévoir, puisqu'il est un être de projet, dont l'être est tendu vers le futur. Etres d'avenir, nous ne saurions rester étrangers à l'avenir.

A défaut d'avoir la certitude d'une science, notre projection de l'avenir ne saurait cependant se ramener à un mirage ou une illusion. En effet, la continuité de la durée permet de lire l'avenir dans le présent au moins comme un avenir « possible » ; ce qui signifie, d'après Bergson lui-même, « ce qui n'est pas impossible » sans être nécessaire. En outre, le possible ne saurait être ici une projection vague et imaginaire, puisqu'il se dessine à partir du cadre précis de la réalité actuelle de notre monde : la mondialisation. Il ne s'agit pas de deviner l'avenir mais de tenter de la circonscrire, d'essayer d'en tracer les contours.

Ces remarques permettent de préciser notre tâche. Il s'agit de nous interroger sur le futur de nos libertés dans le cadre actuel de la mondialisation, en nous interrogeant sur la forme que revêtiront nos libertés individuelles. En effet dans un monde qui tend à s'unifier voire s'uniformaliser, on peut légitimement se demander ce qu'il en sera de la liberté des individus, fondement même du libéralisme.

Mais d'abord qu'est-ce que le libéralisme ?

I- LE LIBERALISME

Mouvement de pensée né sous l'impulsion des philosophes des Lumières, il affirme, contre l'absolutisme politique d'abord, le principe de la liberté et de la responsabilité individuelles. Par delà ses différents courants, le libéralisme se veut donc le défenseur de la liberté individuelle dans tous les domaines. Liberté qui résulte du droit naturel : « L'homme est né libre » et cette liberté naturelle est inaliénable ; c'est un droit sur lequel même l'Etat ne peut empiéter…

Cette pensée de la liberté produisit des effets importants dans tous les domaines.

Au plan philosophique, prospère alors l'idée d'une société humaine fondée sur la liberté d'expression des individus et sur le respect des droits naturels de l'individu. Le **libre échange des idées** ou la liberté de penser devient slogan. Que chacun pense librement en faisant usage de la propre raison : Voici, dit Kant, la devise de la modernité. Modernité devient alors synonyme de libéralisme. Ce libéralisme moderne met fin au règne des maîtres de pensée : plus d'école de pensée. Plus de tutelle, puisque chacun est invité à penser par soi-même : Descartes déjà repoussait gentiment ses précepteurs et maîtres, au nom du doute méthodique. Par contre, ce libéralisme a fait naître l'idée de tolérance. **Tolérance** à l'égard des idées et croyances d'autrui par respect de sa liberté. En outre, le libre échange des idées appelle à la réceptivité des idées étrangères, donc à la tolérance. Ainsi, accusé d'athéisme, Spinoza (1965, p. 22) sait puiser dans cet esprit libéral les arguments de sa défense : « Ce rare bonheur nous est échu de vivre dans une République où une entière liberté de juger et d'honorer Dieu selon sa complexion propre est donnée à chacun et où tous tiennent la liberté pour le plus cher et le plus doux des biens… ». « Cette liberté - ajoute Spinoza - peut être accordée sans danger pour la piété et la paix de l'Etat, mais même on ne pourrait la supprimer sans détruire la paix de l'Etat et la piété. »

En conclusion, « il faut laisser à chacun la liberté de son jugement et le pouvoir d'interpréter les fondements de la foi … de la sorte tous pourront obéir à Dieu d'un entier et libre consentement… »(Ibid., p. 26)

Au plan philosophique donc, libéralisme signifie liberté de pensée et de croyance. A cela s'ajoute les idées d'égalité et de progrès. En effet, la liberté naturelle fait aussi des hommes, des êtres naturellement égaux. Elle donne à tous les mêmes droits sur tout. Par conséquent, tous les hommes doivent être traités comme égaux malgré leurs différences. C'est là le socle de la Déclaration des droits de l'homme et du citoyen de 1789.

Enfin, du libéralisme philosophique est née l'idée de progrès. La liberté de pensée a suscité le progrès et la richesse de la pensée, de la connaissance. Progrès et richesse à la fois quantitatifs et qualitatifs, perceptibles à travers la philosophie moderne. Progrès dont la modernité était très fière et dont Descartes se réjouissait en ces termes : « Notre siècle me semble être aussi fleurissant et aussi fertile en bons esprits qu'ait été aucun des précédents. » (Discours de la méthode, 1er discours).

Au plan moral, le libéralisme prône une morale individuelle : chacun est libre de choisir ses propres fins pourvu que cela n'entrave pas la liberté des autres. Autrement dit, la liberté réside dans le pouvoir de faire tout, à condition de ne pas nuire aux autres. Précisons que cette liberté n'est pas synonyme de libertinage, puisqu'elle implique la responsabilité. C'est ce qui transparaît chez les moralistes du 18è siècle : la loi morale est loi de la liberté ; et la liberté consiste à se prescrire à soi-même la loi, dit Rousseau, repris par Kant ensuite dans sa philosophie morale. En clair, la liberté responsabilise l'homme ; puisqu'il est son propre législateur : il se commande lui-même… librement !

Au plan économique, l'apport du libéralisme fut essentiellement la liberté d'échanger, d'entreprendre, en un mot de commercer. L'état ne joue désormais qu'un rôle de régulateur, si besoin est. Cette liberté de commercer eut pour corollaire la libre circulation des biens et des personnes. Enfin, l'initiative privée perçue comme créatrice de bien-être individuel et collectif, vint aussi légitimer la propriété privée.

Le libéralisme économique produisit, en définitive, de la richesse, du progrès et un certain bien-être dans un monde libre.

Au plan politique, le libéralisme s'est voulu l'antidote de toutes les formes d'absolutisme ; en limitant le pouvoir exécutif par la séparation des pouvoirs et par la mise en place de contre-pouvoirs. Il s'agissait de limiter les pouvoirs de l'Etat afin d'éviter les abus et garantir les libertés individuelles. Car pour le libéralisme politique, la liberté individuelle est le début et la fin de la vie politique. Elle est au début comme fondement de la société politique, puisque celle-ci se fonde désormais sur le libre engagement de chacun dans un contrat : le contrat social. Elle est à la fin, car la fonction de l'Etat, sa raison d'être, c'est d'assurer et défendre la liberté individuelle du citoyen. Le système démocratique est, en ce sens, une inspiration du libéralisme.

II- LA CRISE DU LIBERALISME

Au-delà de ses remarquables apports dont le monde contemporain se nourrit encore, le libéralisme présente des défauts et insuffisances que vont révéler les crises économiques du début du 20è siècle.

Comme ce fut au plan économique c'est-à-dire matériel que les manifestations majeures du libéralisme furent les plus sensibles, c'est aussi à ce même niveau que ses insuffisances voire ses dérives ont été les plus perceptibles.

A partir du 19è siècle, les débats naissent à propos du libéralisme économique ; débats liés à la révolution industrielle et à ses effets néfastes. Aux débats vont faire suite les dénonciations (cf par exemple celles de Karl Marx restées célèbres). Au 20è siècle, les crises économiques suivies de récessions aggravent la controverse autour du libéralisme économique. De nos jours encore, l'on ne cesse de dénoncer le libéralisme qui, pour certains, serait responsable de la plupart des maux de ce monde.

Du point de vue économique, on dénonce le libre échange comme une duperie. La libre concurrence est illusoire, puisque les règles du libre marché sont constamment violées par les puissants. Rappelons à ce propos les critiques des pays du tiers-monde contre les règles du commerce international.

Le libéralisme est également condamné comme étant une idéologie pour justifier la propreté privée donc l'accumulation de biens, pour justifier et aggraver en ce sens les inégalités.

Enfin, on lui reproche de nier en fait la vraie liberté, en proclamant une liberté théorique, alors que l'homme est en réalité instrumentalisé.

Bref, le libéralisme semble s'être détourné de sa vocation originelle pour présenter le visage inhumain de l'exploitation de l'homme par l'homme.

Du point de vue moral et philosophique, le libéralisme a conduit au relativisme. Relativisme moral, car la morale libérale fondée sur la liberté individuelle, souvent sans référent transcendant, a engendré des comportements libertaires. Un contemporain' Guy Sorman, avoue dans son discours de Rentrée académique 17/09/2003: « Je suis quelquefois perplexe … en regardant mes propres enfants… » ; car je m'interroge comment il leur faudra « vivre dans un univers qui, pour la première fois dans l'histoire de l'humanité, n'est pas fondé sur des normes supérieures généralement d'ordre religieux… ». Autrefois, continue-t-il, « même si vous n'étiez pas croyant, il était tout à fait évident que les codes de bonne conduite, les codes moraux, la manière d'être au monde… étaient imprégnés » de religiosité. Aujourd'hui, conclut-il, «plus personne n'a véritablement vocation à vous imposer des normes d'inspiration religieuse », c'est-à-dire des normes ou valeurs transcendantes : c'est plutôt le règne du relativisme.

Relativisme philosophique aussi, car l'esprit de tolérance né du libéralisme a parfois tourné en ce que le même auteur appelle le « tolérantisme ». Il désigne ainsi l'excès de tolérance qui « consiste à croire que tout est vrai et son contraire ». Cet excès de tolérance revient à ce relativisme qui justifie et comprend tout … même l'incompréhension. Tout est désormais vérité et il n'y a plus de vérité ! Au nom de ce relativisme, on affiche avec fierté même ses dérives comportementales !

Enfin du point de vue politique, le libéralisme au lieu de consolider les libertés et la démocratie, aurait plutôt appauvrit celles-ci. Par exemple, on constate que la liberté et l'indépendance des médias deviennent de plus en plus fictives ;

puisque les moyens d'information et d'expression sont détenus par les grands patrons. La politique elle-même subit la dictature de l'économisme.

C'est dans ce contexte de crise du libéralisme qu'apparaît et s'impose de plus en plus le phénomène de la Mondialisation : le monde tend de plus en plus à s'unifier. Alors se pose nécessairement la question : la mondialisation vient-elle étendre le règne du libéralisme et ses tares aux limites de la terre ? Ou bien va-t-elle poser les bases d'un monde nouveau ? Un monde non plus fondé sur la liberté individuelle mais plutôt sur la conscience d'une humanité interdépendante ? Autrement dit, que nous promet la mondialisation ?

III - LIBERALISME ET MONDIALISATION : LA MONDIALISATION, AVENIR DU LIBERALISME

Que la mondialisation se dessine comme l'avenir de l'humanité, cela ne fait aucun doute aujourd'hui, tant elle s'impose chaque jour à nous : la mondialisation est devenue une réalité à la fois planétaire et incontournable. Débordant sa portée économique initiale (globalisation) elle s'étend à tous les domaines ; car les liens d'interdépendance entre les hommes se confirment chaque jour à l'échelle du monde et dans tous les domaines.

Economiquement, le monde est devenu un vaste marché et les économies sont plus que jamais interdépendantes. Politiquement, l'heure est aux regroupements, aux organisations internationales ; et la politique des états est de plus en plus tributaire des relations internationales. Culturellement, on assiste à l'interpénétration des cultures liée à la mondialisation de l'information : une « culture mondiale » est en train de naître. A cela, il faut ajouter que les problèmes écologiques actuels du monde (effet de serre, de la déforestation…) sont en train d'imprimer dans les consciences l'unicité de la planète, c'est-à-dire aussi l'idée de la communauté de destin des hommes. Car ces problèmes outrepassent par leurs effets les frontières entre nations et entre continents.

Bref, la mondialisation apparaît à tous comme un processus irréversible et peut-être déjà une réalité inéluctable : c'est le futur !

La question précise est donc : Comment sera ce futur du monde ? Quelle en sera la couleur ? Sur cette question, deux perspectives s'opposent, deux chemins se dessinent :

La voie de la continuité déguisée du libéralisme présent

Ou bien, la voie d'une rupture créatrice d'un futur humain.

C'est tout le sens du débat entre mondialistes et antimondialistes.

Pour ces derniers, la mondialisation n'est et ne sera qu'une nouvelle forme du libéralisme économique qui cherche à s'universaliser ; une nouvelle forme de la civilisation technicienne occidentale qui tend à s'imposer à la planète entière. En sorte que pour les antimondialistes, mondialisation serait synonyme de mondialisation de la duperie du libéralisme économique : mondialisation de l'appropriation, du profit individuel, de l'exploitation, du chômage et de la misère… Elle serait en outre synonyme de mondialisation de la culture occidentale au détriment des cultures et valeurs traditionnelles.

Bref, à en croire les antimondialistes, la mondialisation n'est qu'une ruse de l'occidentalisation ; elle vient sonner le glas des identités culturelles qui font la beauté et la richesse du monde. Un futur uniforme, unicolore et par conséquent tristement monotone est à venir…

A cette lecture plutôt pessimiste de la mondialisation comme mondialisation du libéralisme et de ses dérives, ses défenseurs opposent une vision optimiste.

Pour eux, la mondialisation serait porteuse de progrès. Elle servirait à véhiculer partout dans le monde la croissance économique, la technique et la technologie occidentales. Elle permettrait en outre de répandre à travers le monde la liberté et la démocratie. Enfin, la mondialisation serait un instrument de dialogue des cultures, dialogue qui résorberait les conflits.

De fait pour les mondialistes, la mondialisation vient comme pour accomplir le libéralisme en lui restaurant son humanisme. Il s'agirait aujourd'hui, reconnaissant les vertus du libéralisme, de lui donner un visage humain pour le bien-être de l'humanité entière. Mais comment ?

Rendre le libéralisme humain consiste justement à l'ouvrir en l'universalisant, c'est-à-dire en réalité en lui redonnant sa seconde dimension qui est l'ouverture aux autres. En effet, certes le libéralisme met l'accent sur la liberté individuelle, mais pour ses pères fondateurs, celle-ci ne va pas sans celle des autres : on est libre ensemble avec les autres !

La formulation politique de ce principe était que pour un être libre, chacun devait aliéner aux autres sa liberté naturelle : nous mettons ensemble nos libertés naturelles individuelles et chacun reçoit en retour la liberté civile, vraie liberté (cf les philosophes du contrat social). La société libérale résulterait ainsi de la composition des libertés individuelles.

La formule économique en était qu'en recherchant le profit individuel, on travaille aussi au profit de tous (cf les pères du libéralisme économique : Ricardo, A. Smith, S. Mill…)

La question dès lors est : la mondialisation saura-t-elle se réaliser telle qu'elle vient de nous paraître ? Saura-t-elle accomplir le rêve du libéralisme, celui d'une humanité libre et solidaire qui vit et travaille pour le bien-être général de l'homme ? Cette question suscite attentes et inquiétudes à la fois.

CONCLUSION

Entre inquiétudes et espoirs, la mondialisation trace les nouvelles formes de la liberté et de l'existence humaines. C'est pourquoi même les partisans de la mondialisation conviennent que si elle est promesse de progrès pour l'homme, elle véhicule aussi des incertitudes.

Tel est du reste le sort de toute approche du futur ; car - comme le dit si bien Bergson(1970, p. 222) - il n'y a « pas de prévision sans inquiétude. ». Qu'est ce qui justifie ici l'inquiétude ?

Ce qui inquiète c'est que la mondialisation veuille se fonder sur un principe économique (libre concurrence) et non pas humaniste. On s'interroge alors avec crainte : est-il possible de réaliser un si grand projet humain sur la base d'un principe économique ?

C'est le sens de l'inquiétude de tous et en particulier des anti-mondialistes. C'est également le sens de la réaction des altermondialistes, qui veulent une autre mondialisation. Car, selon eux, pour une mondialisation humaine, il faudrait en changer le principe : il faudrait la bâtir non sur la concurrence (économique) mais sur la coopération des peuples.

Disons en définitive que la mondialisation se donne pour vocation de concilier libéralisme et humanisme. Le réussira- t-elle ? C'est précisément l'avenir qui répondra !

L'AFRIQUE ET LA CRISE FINANCIERE INTERNATIONALE

AKE Patrice Jean,
Université Félix Houphouet Boigny, apatrice@icloud.com

RÉSUMÉ

La crise des subprimes est une crise financière qui toucha le secteur des prêts hypothécaires à risque aux États-Unis à partir de juillet 2007. Avec la crise bancaire et financière de l'automne 2008, ces deux phénomènes inaugurent la crise financière mondiale débutant en 2007 et la crise économique mondiale des années 2008 et suivantes.

La crise trouve son point de départ dans la hausse des taux directeur de la Réserve fédérale à partir de 2005. Cette hausse, renchérissant le coût du remboursement des prêts, s'accompagne ainsi d'un taux de défaut de 15 % de ces crédits en 2007. En outre, à partir de 2007, pour la première fois depuis la fin de la Seconde Guerre mondiale, les prix de l'immobilier baissent. Cette baisse, qui n'avait pas été anticipée, provoque de nombreuses faillites parmi les organismes de crédit qui avaient délivré des *subprimes*. En effet, ces organismes se remboursent, en cas de défaut sur un prêt, en vendant le bien immobilier. Cette baisse provoque également des faillites nombreuses parmi les fonds d'investissements qui spéculaient sur ces mêmes prêts hypothécaires à risque.

Enfin, la crise s'étendit au monde dans son ensemble, dans un contexte de contagion à l'ensemble des acteurs économiques dû à la titrisation, lorsque les banques (qui financent les fonds d'investissement, ces derniers ayant fait faillite) refusèrent de se prêter de l'argent de peur qu'elles détinssent des liquidités « toxiques », initiant la crise financière mondiale débutant en 2007 qui déboucha sur la crise bancaire et financière de l'automne 2008, entraînant le monde dans la crise économique des années 2008 et suivantes.

La crise des subprimes a instauré une méfiance envers les créances titrisées comprenant une partie de ces crédits.

MOTS CLEFS
Subprimes, crise, récession, institutions financières.

ABSTRACT

The United States (U.S.) subprime mortgage crisis was a nationwide banking emergency that contributed to the U.S. recession of December 2007 – June 2009. It was triggered by a large decline in home prices after the collapse of a housing bubble, leading to mortgage delinquencies and foreclosures and the devaluation of housing-related securities. Declines in residential investment preceded the recession and were followed by reductions in household spending and then business investment. Spending reductions were more significant in areas with a combination of high household debt and larger housing price declines.

The expansion of household debt was financed with mortgage-backed securities (MBS) and collateralized debt obligations (CDO), which initially offered attractive rates of return due to the higher interest rates on the mortgages; however, the lower credit quality ultimately caused massive defaults. While elements of the crisis first became more visible during 2007, several major financial institutions collapsed in September 2008, with significant disruption in the flow of credit to businesses and consumers and the onset of a severe global recession.

KEY WORDS:
Subprime, crisis, recession, financial institutions.

INTRODUCTION

Un vaste plan de sauvetage des banques américaines a été promulgué ce vendredi 3 Octobre 2008, par le président George W. Bush, peu après avoir été adopté par la Chambre des représentants et deux jours après l'aval du Sénat, une mesure attendue par les places boursières du monde entier. Ce plan de 700 milliards de dollars donne au Trésor américain des moyens historiques pour intervenir sur le secteur financier. La Chambre a approuvé vendredi par 263 voix contre 171 cette «Loi de stabilisation économique d'urgence 2008» de 850 milliards de dollars en tout, si l'on compte le coût des amendements divers ajoutés au cours d'âpres négociations pour satisfaire les élus récalcitrants. Le président américain George W. Bush a immédiatement jugé ce plan «essentiel pour aider l'économie américaine à survivre à la tempête financière» mais a averti que «cela prendrait du temps» avant que les effets du plan ne se fassent sentir.

La science économique élabore des modèles des phénomènes sociaux. Par modèle, nous entendons une représentation simplifiée de la réalité. (Hal., R.VARIAN, 2003, p. 7) La crise financière internationale, en ce mois d'octobre 2008, continue d'affecter sérieusement l'économie mondiale et les populations les plus fragiles. L'intégration financière mondiale comportait de nombreux avantages, mais rendait les pays plus vulnérables aux risques cachés et aux sautes d'humeur des investisseurs.(Banque Mondiale, 2002, p. XXV). Des mouvements de capitaux privés instables semblaient être associés aux taux de croissance fluctuants qui affectaient surtout les pauvres (ceux-ci manquant des ressources requises pour surmonter les tempêtes économiques. (Banque Mondiale, 2002, p. XXV)

En raison de leurs manques d'actifs, les pauvres ont plus de mal que les riches à ralentir leur consommation en période difficile. Proches du minimum de survie, ils travaillent généralement dans les secteurs touchés de plein fouet par les cycles économiques (agriculture, construction). La finance devient alors la clé de la mondialisation car l'absence des marchés financiers fait peser une grave menace sur la paix. Il faudrait une meilleure réglementation des marchés financiers, puisque le développement de la finance risque de suivre une logique toujours plus auto-préférentielle sans lien avec la base réelle de l'économie.(Conseil Pontifical Justice et Paix, Compendium, 2005, p. 207) De plus tous les acteurs doivent être recentrés sur l'économie. En effet, une économie financière qui est une fin en soi, est destinée à contredire ses finalités, car elle se prive de ses propres racines et de sa propre raison constitutive, et par là de son rôle originel et essentiel de service de l'économie réelle et, en définitive, de développements des personnes et des communautés humaines. (Ibid, p. 207) Voilà pourquoi, plus le système économique et financier mondial atteint des niveaux élevés de complexité fonctionnelle et d'organisation, plus le devoir de réguler ces processus, apparaît prioritaire, pour les finaliser à la poursuite du bien commun de la famille humaine.(Ibid, p. 208)

La crise actuelle est d'un caractère particulier qui contraste avec les précédentes, car il s'agit d'une crise structurale, longue et qui affecte la création des richesses. Il s'agit des déséquilibres dans le système, notamment la disjonction entre la finance et l'économie. Les marchés financiers qui jouent un rôle essentiel dans le développement de l'économie doivent impérativement faire l'objet d'une régulation appropriée. Or nous assistons aujourd'hui à une crise qui fait tache d'huile dans la sphère des établissements financiers. Elle résulte de pratiques financières complexes et sème des laissés-pour-compte dont le sort ne peut laisser indifférent. Il existe un effet de cascade par lequel des difficultés originellement limitées s'étendent par contagion à l'ensemble de la planète financière et même à l'économie réelle. En même temps, et par delà la crise des subprimes aux Etats-Unis, est apparue une autre crise : celle des matières premières, amplifiée par la spéculation. Contrairement à ce que nous pensons peut-être, nous sommes tous concernés par ces deux crises, les responsables des organismes financiers comme chacun d'entre nous.

A L'ORIGINE DE LA CRISE FINANCIERE :

LA QUESTION DES SUBPRIMES

La crise qui a éclaté au cours de l'année 2007 trouve son origine dans la diffusion massive de crédits immobiliers aux Etats-Unis. Tant que le marché américain de l'immobilier était en croissance, des prêts immobiliers hypothécaires à risque (de catégories « subprimes », c'est-à-dire des prêts accordés à des emprunteurs à la situation financière fragile) ont été consentis en masse ; les organismes prêteurs prévoyant, en cas de défaillance des emprunteurs, de se rembourser des crédits accordés par la revente des immeubles financiers.

Pour accroitre leur volume d'opérations sans prendre davantage de risques, ces organismes ont « titrisé » une partie de ces financements. Les titres sont des instruments financiers qui donnent droit à certains flux de revenus. Il existe de nombreux types de titres financiers, parce que les gens désirent différents types de paiements. Les marchés financiers offrent aux gens la possibilité d'échanger différents « cash flow » au fil des temps. Ces « cash flow » sont généralement utilisés pour financer la consommation au cours de l'une ou l'autre période.(VARIAN, 2003, p. 210)

Les organismes ont revendu ces titres à des établissements financiers et à des fonds de placements, entre autres. Ces opérations avaient l'avantage pour les prêteurs de les délester d'une grande partie de leur portefeuille de crédits et leur permettaient de continuer à prêter à de nouveaux emprunteurs. L'ensemble a été rendue possible en raison de l'abondance de liquidités dans le monde. Beaucoup d'investisseurs financiers en de nombreux pays d'Europe et plus tard la Chine, la Russie, les pays du Golfe ou Singapour (par des fonds souverains), ont acheté ces titres qui offraient un rendement élevé et bénéficiaient d'une note de qualité de la part d'agences de notation. Ces agences de rating ou notation, en effet, attribuaient aux instruments financiers une note qui reflétait leur qualité.

La titrisation permettait ainsi une mutualisation des risques et engendrait une appréciable fluidité du marché financier, mais elle présentait l'inconvénient de créer un risque systémique dont les acteurs individuels n'évaluaient pas l'ampleur (On fait état de 2 millions de personnes environ en 2007-2008). Ce risque à effet domino déstabilisait l'ensemble du système.

LA DEFAILLANCE DES EMPRUNTEURS

A partir de 2006, le marché de l'immobilier américain commençait à plafonner et même à enregistrer une baisse. Les ménages éprouvaient les difficultés à honorer les échéances de leurs emprunts du fait de l'augmentation des taux d'intérêt variables qui grimpaient après la période caractérisée par des taux très bas. La valeur patrimoniale des biens gagés (les logements) ne couvraient plus les créances, ce qui ne permettaient pas à l'emprunteur, soit de revendre le bien, soit de renégocier le calendrier de remboursement. Le schéma sur lequel étaient basés ces prêts hypothécaires s'effondrait.

Ainsi, le phénomène a mis en lumière les excès d'un marché immobilier dynamisé, au point de départ, par des taux d'intérêt variables qui étaient alors bas et par des prix de l'immobilier en constante progression. Les intermédiaires dont l'objectif était d'augmenter le volume de leurs opérations se sont adressés à des ménages dont la solvabilité était incertaine et qui se sont trouvés dans l'incapacité d'honorer leurs traites dès l'augmentation des taux d'intérêt.

CREDIT ET CAPACITE D'EMPRUNT

Aux Etats-Unis, le rapport à l'argent et au crédit est différent de l'Afrique. Le « prêt hypothécaire rechargeable » est un mécanisme qui traduit la confiance dans l'avenir. Il consiste en ce que les banques n'attendent pas qu'un crédit soit parvenu à son terme pour en proposer un autre. De même, lorsque la valeur du bien immobilier augmente, l'organisme de crédit offre la possibilité de nouveaux crédits (crédits immobiliers, crédits d'équipements ou crédits à la consommation) qui s'ajoutent au crédit précédent et ainsi de suite. De ce fait, l'emprunteur a souvent plusieurs crédits en cours. C'est une pratique courante qui fait dépendre la capacité d'emprunt des ménages de la valeur globale de leur patrimoine immobilier.

Cela constitue un danger pour les personnes qui empruntent ; d'autant plus que les habitudes de consommation ont poussé les ménages à utiliser ces facilités pour acheter toujours plus de biens de consommation et d'équipement. Dans le cas précédent et parmi ces ménages, les plus vulnérables n'étaient pas suffisamment avertis du risque encouru. Obligés de vendre leur logement, poussés à la rue, c'est pour eux que les conséquences ont été les plus dramatiques alors qu'ils pensaient accéder à la propriété de leurs logements.

LA CRISE SE PROPAGE SUR LE MARCHE FINANCIER

Les techniques financières modernes, dont la tritrisation ont permis aux prêteurs immobiliers américains de diffuser leurs créances dans l'ensemble du système bancaire mondial. Les créances placées partout dans le monde par les banques et les sociétés financières, étaient largement détenues par des porteurs de titres qui attendaient le moment favorable pour les revendre en réalisant des plus values.

Les premières défaillances des acquéreurs de logement ont eu pour effet d'ébranler fortement la ***confiance*** du marché et la valeur de ces titres s'est rapidement effondrée. Dans l'ignorance de l'évolution du secteur immobilier américain et de l'ampleur des opérations en cause, les opérateurs inquiets, ont pesé sur le marché en cherchant à se délester de leurs titres.

De proche en proche, le système financier, qui repose sur la confiance entre les acteurs, s'est trouvé fragilisé. Ce qui caractérise la crise actuelle est que personne ne sait où est localisé le risque. Résultat, personne ne fait confiance à personne et tout le système entre en crise. Cela montre bien que tout le marché financier ne peut fonctionner sans la confiance.

Un à un les détenteurs des titres, établissements de crédit, fonds d'investissement spécialisés ont enregistré des pertes réelles (lors des ventes) ou potentielles (s'ils gardaient les titres en portefeuilles). Aussi les banques centrales (FED, BCE, Bank of England) ont-elles été amenées à intervenir pour sauver le système en y injectant des liquidités. De même, des opérations de recapitalisation ont été réalisées par plusieurs groupes bancaires de manière à reconsolider leur situation financière. Ces réactions rapides marquent la différence d'avec la crise de 1929.

Aujourd'hui, nul ne sait si la crise est maîtrisée, ni si l'on est en phase de stabilisation. En effet, les établissements financiers ne donnent des informations partielles ou tardives sur les pertes qu'ils enregistrent. L'inconscience des opérateurs qui imaginaient que le marché se régulerait tout seul atteint ici ses limites. Le marché n'a pas à lui seul toutes les vertus.

Il est vrai que l'endettement est un facteur de dynamisme : le marché permet en effet au crédit de financer des investissements susceptibles de maintenir, voire d'augmenter le taux de croissance. Mais des règles prudentielles efficaces voudraient davantage que les injections de fonds réparatrices pour restaurer la confiance sur laquelle tout le système repose.

Plusieurs Etats préparent une réforme pour éviter l'aggravation de la crise actuelle et l'apparition de nouvelles crises dans l'avenir. En effet, la crise de confiance sur le marché financier s'est traduite par le durcissement des conditions du crédit par les banques.

UNE CRISE DE TYPE « SUBPRIME » PEUT-ELLE SE PRODUIRE EN AFRIQUE ?

Nous retrouvons ici une double question : celle de la demande de crédits immobiliers et celle du fonctionnement des établissements financiers. Même s'il est vrai que l'Afrique se distingue par une proportion de propriétaires inférieure à la moyenne, le désir très répandu de devenir propriétaire de son logement est un objectif qui incite les ménages à recourir au crédit immobilier hypothécaire. Sur ce marché, les conditions des prêts bancaires sont en Afrique, très contrôlées et dépendent du niveau de revenu et de solvabilité des emprunteurs. En règle générale les banques ne prêtent aux particuliers qu'une fraction de la valeur du bien acheté, ce qui limite sérieusement le risque de crédit, car ce dernier se trouve largement garanti par l'hypothèque prise sur l'immeuble concerné.

Pour les professionnels du secteur, la question est de savoir jusqu'où et jusqu'à quand prêter ? La réponse ne semble pas devoir être un « business as usual » ni, à l'inverse, une interdiction aveugle. Elle réside dans l'adoption d'une attitude de responsabilité qui consiste à rendre le crédit accessible au plus grand nombre et à lutter contre le surendettement. Ces deux axes devraient être compatibles et inséparables, si l'on s'en donne les moyens techniques et la volonté. Ainsi, à ce jour la crise des subprimes s'est pas produite une fois déjà en Afrique : Le cas de la Procure des Missions Catholiques d'Abidjan en 2006-2007. Un certain Ryan, courtier en bourses, a fait de mauvais placements aux Etats-Unis avec l'argent de tous les prêtres de Côte-d'Ivoire. Le système financier de l'Eglise Catholique de Côte d'Ivoire est en banqueroute. La Procure essaie, en vain des solutions neuves pour un sauvetage économique. Mais il y a un manque de confiance entre les acteurs et la banque. Même si le système des prêts hypothécaires rechargeables n'existe pas à l'identique.

En revanche, il convient de rester vigilant car notre continent n'a pas été épargné par les effets secondaires de la crise. Non seulement, les épargnants ayant investi en des fonds soi-disant peu risqués, ont vu la valeur de leurs titres s'effondrer, mais les banques françaises ont à leur tour resserré l'octroi du crédit en raison de la crise de confiance sur le marché. Enfin, ces dernières ont été touchées et ont enregistré de lourdes pertes liées à cette crise du crédit. Cela montre combien nous vivons dans une économie mondialisée où les pays sont tous interdépendants. Aujourd'hui, aucune réponse ne peut venir du seul niveau national.

TROIS SÉRIES DE MESURES POURRAIENT ÊTRE MISES EN ŒUVRE SIMULTANÉMENT

Dans le monde sans frontière qui caractérise les marchés financiers, une telle crise ne peut laisser indifférent. Elle a mis en évidence l'absence d'une instance financière de régulation au niveau mondial. Aujourd'hui il existe une addition de réglementations mais non un système de contrôle d'ensemble. Quelles institutions internationales, soutenues par les Etats, seraient capables d'établir et de faire appliquer des règles strictes ?

Une course de vitesse est engagée entre le développement spontané des activités financières et les Etats qui ne peuvent accepter que le libre jeu remette en cause des choix politiques ou sociaux.

Aussi est-il urgent que la maîtrise de l'économie financière soit renforcée pour rétablir la confiance entre les acteurs.

Cela suppose :
Une meilleure réglementation des marchés financiers
Des acteurs financiers recentrés sur l'économie
Des épargnants qui résistent aux sirènes du rendement maximum.

Une meilleure réglementation des marchés financiers

La croissance économique est soutenue utilement par les financements offerts par les établissements financiers, mais l'action de ces derniers doit être aussi orientée vers le bien commun et non vers le rendement immédiat. Les institutions financières doivent s'obliger à proposer des crédits réellement adaptés aux besoins des emprunteurs et éviter de les mettre en péril.

La réglementation du marché du financement des particuliers doit les prémunir contre le «toujours plus» de crédit. À cet égard, la réglementation française sur le surendettement des ménages a été une avancée très positive.

Un deuxième exemple de réglementation du côté des organismes prêteurs a prouvé son efficacité. Il s'agit de l'instauration de règles prudentielles permettant de limiter le niveau d'engagement des banques en fonction de leur propre solidité financière. Elles sont tenues de disposer de fonds propres en proportion suffisante par rapport aux risques de crédit que comportent leurs opérations. (Ratio Cooke et aujourd'hui ratio Mc Donough (Bâle II).

Reste à vérifier que ces règles soient adaptées, (CONSEIL PONTIFICAL JUSTICE ET PAIX.- *Compendium de la doctrine sociale de l'Eglise* n° 369 (Paris, Cerf 2005), p. 207) et que la pratique de la titrisation soit davantage encadrée.

L'enjeu est précisément une meilleure transparence des banques sur les risques qu'elles portent et sur ceux qu'elles font courir à leurs clients à travers les produits qu'elles leur proposent.

DES ACTEURS FINANCIERS RECENTRES SUR L'ECONOMIE

Selon l'observatoire de la Finance (Manifeste pour une finance au service du bien commun.), « les progrès de la logique financière ont été facilités par la justification politique de la dérégulation». Le leitmotiv de l'efficacité fait de la rémunération du crédit un critère ultime d'action qui altère l'économie. Quand « la finance prétend être sa propre fin et n'est plus mue que par le désir exclusif de profit, elle perd la tête ». (*Compendium de la doctrine sociale de l'Eglise* n° 371(Paris, Cerf 2005), p. 208

Les entreprises, en particulier les plus grandes, ont vocation naturelle à réaliser la création de richesses sur la longue durée, compte tenu des moyens importants en hommes et en équipement qu'elles doivent mettre en œuvre pour remplir leur objet social. Il importe donc de réorienter le marché financier vers l'économie productive et sa croissance modulée par les exigences environnementales. Avec la création de richesses, l'économie peut alors être mise au service de l'homme et contribuer à son développement.

DES INVESTISSEURS QUI RESISTENT AUX SIRENES DU RENDEMENT MAXIMUM

La spéculation financière ne concerne pas seulement de grandes institutions et des individus fortunés. Tout épargnant, quelle que soit la taille de son portefeuille, y participe via les fonds de placement, les sicav, les contrats d'assurance-vie auxquels il souscrit.

L'épargne est un processus qui concerne toute personne ayant la possibilité de mettre un peu d'argent de coté.

Chacun doit alors s'interroger sur ses comportements lorsqu'il veut faire fructifier son épargne. La recherche du rendement le plus élevé et le plus rapide conduit à exercer une pression excessive et des contraintes déraisonnables sur l'outil économique en exigeant des entreprises des plans sociaux drastiques, une politique tournée vers la rentabilité à court terme, des restructurations....

Pour que l'épargne participe de manière positive à l'épanouissement de la société, il importe de promouvoir les placements en faveur des emprunteurs qui respectent des critères de solidarité et de responsabilité sociale. Ils s'inscrivent ainsi dans la perspective donnée par Jean Paul II : *«Le profit est un régulateur dans la vie de l'entreprise, mais il n'en est pas le seul ; il faut y ajouter la prise en compte d'autres facteurs humains et moraux qui à long terme, sont au moins aussi essentiels pour la vie de l'entreprise». (*Encyclique Centesimus annus § 36 – 1991).

AU-DELÀ DE LA CRISE IMMOBILIÈRE, LA CRISE DES MATIÈRES PREMIÈRES

Au-delà des crédits «subprimes» la crise financière intervient dans un contexte économique marqué par une hausse considérable du prix des matières premières.

LA FLAMBEE DES PRIX DES MATIERES PREMIERES ET SES CAUSES

La hausse extraordinaire des prix des matières premières est le résultat de la conjonction de plusieurs facteurs. C'est le fait que tous ces facteurs se soient manifestés au même moment qui explique la violence de la hausse. La plupart des analystes s'accordent à identifier cinq facteurs principaux :

La forte croissance de la demande

Entre 2001 et 2007, plus de la moitié de l'augmentation de la consommation de pétrole est imputable à la demande provenant de la Chine, de l'Inde et du Moyen-Orient. Cela s'explique par l'urbanisation et l'industrialisation de ces pays, qui se sont nettement accélérées. Sont également concernés les métaux et certaines denrées alimentaires comme le blé, le maïs et le riz.

2) *Le développement des biocarburants provenant des pays émergents*

Les politiques incitatives menées en Afrique et surtout aux Etats-Unis en faveur de l'utilisation de l'éthanol (qui est produit à partir du maïs et de la canne à sucre) ont entraîné une forte hausse de la demande pour ce produit. Par ricochet, cela est venu accroître la demande pour les matières premières concernées. Aujourd'hui environ 25 % de la production de maïs est utilisée pour la fabrication de biocarburants.

3) Structurellement, l'ajustement de l'offre à la demande ne se fait pas facilement pour les matières premières.

En théorie, quand la demande pour un produit augmente, l'offre s'adapte par un accroissement des capacités de production. Cet ajustement de l'offre permet aux prix de rester stables. Pour les matières premières, il est très difficile d'adapter rapidement l'offre aux variations de la production. Que l'on pense aux difficultés nouvelles d'extraction du pétrole, et surtout au caractère aléatoire de la production agricole en dépendance des conditions climatiques. Certains analystes annoncent que la récolte 2008 sera difficile en raison de mauvaises conditions météorologiques et que cela pèsera à nouveau sur les prix.

4) La forte corrélation entre les différentes matières premières entraîne une diffusion de la hausse des prix à tout le marché

Illustration : la hausse de la demande d'éthanol entraîne une hausse du prix du maïs. Celle-ci se transmet ensuite aux denrées alimentaires qui utilisent le maïs dans leur chaîne de production (par exemple la viande, les volailles,...). De même la hausse du prix du pétrole se répercute dans les coûts de production agricoles et in fine sur le prix de vente.

5) Les matières premières sont devenues une cible très attractive pour les investisseurs financiers.

Tout d'abord il faut rappeler que les marchés financiers de matières premières (où l'on peut acheter et vendre des contrats d'achat à terme de blé ou de pétrole, sans jamais détenir ni utiliser réellement les produits en question) existent depuis des décennies. Les premiers marchés organisés furent d'ailleurs historiquement ceux des matières premières (à Chicago). À l'origine ces marchés étaient destinés aux professionnels du secteur. La nouveauté dans la situation actuelle est que ces marchés sont utilisés par des intervenants totalement extérieurs qui veulent investir sur les matières premières pour profiter de la hausse des prix. Ils effectuent donc des placements sur le blé ou le pétrole, plutôt que d'acheter des actions, des obligations ou des immeubles. Les matières premières sont pour eux une bonne source de diversification des investissements.

Il s'agit donc d'investisseurs institutionnels (compagnies d'assurances, fonds de pensions, instituts de prévoyance, banques,...) qui sont attirés par le potentiel de hausse de ces placements. Ce faisant, ils contribuent à accroître la demande et donc à tirer les prix vers le haut. D'autres acteurs purement spéculateurs viennent ensuite se greffer sur ce mouvement (fonds spéculatifs, etc.). Ils participent au mouvement et l'accélèrent. Ils contribuent ainsi à l'aggravation de la crise.

REMARQUES D'ANALYSE

On note tout d'abord que les deux principales causes de la hausse des prix (§ 1 et 2) se résument à une hausse de la demande. Il s'agit bien là d'économie réelle et non d'une quelconque spéculation. Le fait déclencheur est que des populations (pays émergents) ou des industries (biocarburants dans les pays développés) ont soudain accru fortement leur demande de matières premières. L'origine de la hausse des prix est bien celle-là.

Il s'agit d'un mécanisme habituel et compréhensible. Il importe de souligner que la nouvelle demande provient *de pays* ***émergents qui accèdent enfin à un niveau de vie supérieur, ce que l'on ne saurait regretter.*** Les paragraphes 3, 4 et 5 sont des facteurs aggravants, qui amplifient le phénomène sans en être la cause principale. La spéculation en fait partie. La spéculation joue donc un rôle dans la crise actuelle, même si c'est un rôle d'ordre second. Elle amplifie le phénomène ; elle n'est pas à son origine.

Comme toujours, la réalité est complexe. Les émeutes de la faim manifestent une injustice terrible : les plus pauvres sont les perdants de la crise actuelle. Ils ne sont pas en mesure de bénéficier des aspects positifs de la hausse des prix. Car des aspects positifs existent pour certains. N'oublions pas que les pays producteurs de matières premières sont souvent des pays en développement (Amérique Latine, Asie, Afrique, Moyen-Orient). La hausse des prix profite à ces pays producteurs. Elle pénalise en revanche les consommateurs pauvres des pays non-producteurs et ceux des pays producteurs qui ne sont pas insérés dans le système économique local et ne bénéficient donc pas de la croissance.

On constate ainsi une réalité déjà mentionnée, dans l'économie mondialisée d'aujourd'hui, ***la croissance semble accroître les inégalités.*** La croissance est en soi positive, mais la richesse ainsi créée n'est pas également répartie et, par un effet d'accélération, certains engrangent des bénéfices toujours plus grands et les perdants se trouvent toujours plus repoussés à distance. En clair, le fossé se creuse. Le niveau moyen monte mais les écarts s'accroissent.

QUELQUES QUESTIONS

Tout d'abord, la question du souci des plus pauvres. Cette crise est aussi injuste que le développement de l'économie en général depuis 20 ans. Elle en a les mêmes caractéristiques négatives avec en plus la violence d'une crise : elle accroît les inégalités. Une fois de plus, ce sont les plus faibles qui souffrent davantage. Comment les protéger ? La hausse des matières premières devrait profiter aux pays producteurs dont certains sont des pays émergents. Mais comment organiser une juste répartition des richesses produites ? L'accumulation de richesses considérables dans les pays producteurs de pétrole pour une faible densité de population résidente, pose à notre monde une question majeure.

La question fondamentale au sujet des matières premières notamment des denrées alimentaires (le cas du pétrole étant à part) est de savoir s'il s'agit de produits comme les autres ? La vie elle-même est en jeu quand on parle de biens destinés à nourrir les hommes. Cela n'impose un traitement particulier de la part des marchés financiers. La nature très particulière de ces biens nous de les protéger. Cela a d'ailleurs toujours été le cas : la politique européenne a d'abord été une politique agricole commune, consistant à protéger les activités agricoles et à encadrer leurs prix. Ne faudrait-il pas de même interdire certaines activités financières sur les denrées alimentaires, qui ne peuvent être un objet de spéculation comme un autre ? Ceci permettrait d'éviter que des phénomènes purement financiers ne viennent fausser la fixation des prix et les tirer artificiellement à la hausse.

Ces crises financières et alimentaires questionnent nos modes de vie. Il a pu apparaître que le développement des biocarburants allait permettre une amélioration de l'empreinte écologique sur l'environnement. Au terme de quelques années, on se rend compte que cela contribue à déstructurer les agricultures vivrières. Il est donc urgent de revoir cette politique. Plus globalement, le jour est arrivé de nous préparer à revoir à la baisse notre consommation d'énergie, nos habitudes alimentaires. Mais aussi et surtout de revoir la politique d'exportation des produits agricoles subventionnés vers les pays du Sud en favorisant davantage le développement des agricultures locales.

BIBLIOGRAPHIE

BANQUE Mondiale(2002), Qualité de la croissance, Belgique, De Boeck Université

Compendium de la doctrine sociale de l'Église (2005, Paris, cerf

Jean-Paul II,(1991) Encyclique Centesimus Annus

Hal, R. VARIAN (2003), Introduction à la microéconomie mondiale, Belgique, De Boeck Université

PROTECTION DE LA VIE ET DIGNITE HUMAINE : CULTURE TRADITIONNELLE ET CULTURE EVANGELIQUE EN AFRIQUE

BRICE Bini Kézié,
UCAO-UUA

Résumé

L'éthique ou la morale chrétienne africaine manquerait à sa mission si elle n'affrontait pas sérieusement la question de la protection de la vie pour y apporter une réponse qui permette un mieux vivre social dans le contexte des crises socio-politiques. Elle ne le peut qu'en partant d'une meilleure compréhension évangélique du concept de dignité humaine reconnue à toute personne humaine. Seulement, dans la situation des pays africains socialement déstructurés, la morale évangélique est-elle encore praticable ? C'est à cette question que l'auteur répond en montrant que la praticabilité de l'éthique évangélique reste encore à inventer en Afrique face à la montée des morales ambiantes peu soucieuses de la dignité de la personne humaine. Soutenant que la morale de la dignité de la vie telle qu'elle s'est exprimée dans l'histoire s'est fourvoyée en mettant plus l'accent sur la philosophie de la loi naturelle que sur l'enseignement direct du Christ et sa propre existence concrète, l'auteur propose une vraie inculturation en théologie morale qui exige une réorganisation de la formation philosophique et théologique des chrétiens.

Mots clefs :

Ethique/Morale chrétienne ; Protection de la vie ; Dignité de la personne humaine ; Loi naturelle ; Inculturation théologique

Summary

The ethics or the African christian morale would fail in its mission if it didn't seriously face the issue of life protection to provide an answer that allows for a better social life in the context of socio political crises. It can only do so from a better evangelical understanding of the concept of human dignity recognised to every human person. But, in the situation of African countries socially disintegrated, is the evangelical morale still practicable ? It is the question that the author answers by showing that the practicability of the evangelical ethics still has to be found out in Africa face to the rising of ambient morales little conscious of human person dignity. Arguing that the morale of life dignity as expressed in the history has misguided in putting more emphasis on the philosophy of natural law rather than on Christ's direct teaching and his own concrete life, the author offers a true inculturation in moral theology which requires a reorganisation of christians' formation in theology and philosophy.

***Key words** :*

ethics/christian morale, life protection, human person dignity, natural law , theological inculturation

INTRODUCTION

L'éthique, qu'elle soit philosophique ou théologique, a pour but principal d'éclairer l'homme pour une existence plus responsable et plus épanouissante. C'est pourquoi le contexte et les circonstances y ont toujours été considérés comme importants parce qu'ils ont un impact déterminant sur l'action morale, sa compréhension et son orientation. Par conséquent, réfléchir sur la dignité de la personne humaine en contexte africain aujourd'hui, oblige à méditer, par la raison et par la foi, sur ce qui pose le plus problème en Afrique en cette matière. (Il est en effet tellement vrai que « la théologie actuelle ne peut parler de Dieu sans regarder la personne humaine concrète, surtout celle qui souffre et réclame sa dignité. La foi chrétienne est ainsi invitée à voir comment la lumière jaillit de nos ténèbres les plus quotidiennes » (MENARD, Camil, « Présentation » in MENARD, Camil et VILLENEUVE, Florent (sous la direction de), *Drames humains et foi chrétienne : approches éthiques et théologiques. Actes du congrès 1994 de la Société canadienne de théologie*, Fides, Quebec, 1995, p. 11)

Les deux synodes spéciaux sur l'Afrique nous permettent d'affirmer sans ambages que le contexte africain depuis bien des décennies est celui de la destruction massive de la vie humaine.(Pour le premier synode, l'exhortation post-synodale retient la remarque des Pères synodaux qui disent, « à juste titre, que l'Afrique est un immense continent comportant des situations très diversifiées, et qu'on doit se garder de généraliser, autant dans l'évaluation des problèmes que dans la suggestion de solutions » *Ecclesia in Africa*(désormais EA), n. 40. Mais le pape Jean-Paul II affirme avec force : « La situation de nombreux pays africains est si dramatique que l'on ne peut admettre l'indifférence ni le refus de s'engager » (EA n. 120). Le *Message au Peuple de Dieu* du 2ème synode spécial sur l'Afrique caractérise la situation actuelle du continent en parlant de : « pauvreté, misère et maladie, des réfugiés dedans, dehors et outre-mer, recherche d'une meilleure vie qui conduit à la fuite des cerveaux, migrations clandestines, trafics d'hommes, guerres, effusion de sang, souvent par personnes interposées, atrocité d'enfants soldats, l'indicible violence faite aux femmes » (n. 37). Voir par ailleurs la Proposition n. 25 (de ce deuxième synode spécial sur l'Afrique) qui stipule : « le Synode note aussi le triste fait que dans de nombreux pays africains, il y a une violation massive des droits humains, l'injustice, la corruption et l'impunité qui alimentent des coups d'État, des conflits violents et des guerres ») Cette situation interpelle à la fois le philosophe et le théologien africains. Et si ceux-ci veulent contribuer au changement de cette situation, leur premier devoir consisterait à examiner comment la protection et la promotion de la vie deviennent réellement le point de départ d'une authentique lutte pour la dignité de la personne humaine. Selon René Simon, la dignité de la personne humaine (Pour le sens du concept, depuis son étymologie latine, son origine grecque et son évolution, voir notamment : Muriel FABRE-MAGNAN, « Dignité humaine » in AAVV, *Dictionnaire des Droits de l'Homme*, QUADIGE/PUF, Paris, 2008, p. 285-291 ; René SIMON, *Pour une éthique commune : Réflexions philosophiques et éclairages théologiques 1970-2000,Textes réunis par Eric Gaziaux et Denis Müller*, Cerf, Paris, 2009. Dans ce dernier document, l'auteur note, entre autres, que « Le terme connaît une fortune considérable dans les documents du magistère catholique romain. *Pacem in Terris* est comprise par *Gaudium et Spes* comme « ce noyau constitutif et inaltérable de l'être même de l'homme qu'il ne peut perdre sans perdre son humanité, nier sans nier ce qu'il est, qui est en lui non seulement ce qui assure la continuité de son être, mais encore ce qui est la source de son développement et qui implique qu'il ne peut faire de soi n'importe quoi. » Or, l'élément basique de ce noyau n'est rien d'autre que la vie humaine en elle-même qui doit être respectée, protégée et promue. (On comprend pourquoi, pour éviter de retomber dans la barbarie de la deuxième guerre mondiale, la Déclaration Universelle des Droits de l'Homme stipule en son article premier : «*Tous les êtres humains naissent libres et égaux en dignité et en droits. Ils sont doués de raison et de conscience et doivent agir les uns envers les autres dans un esprit de fraternité.*») En effet, l'évocation de la dignité humaine pose en arrière fond le fait révoltant de voir l'homme bafoué dans son être même, dévalué et réduit à autre chose que ce que requiert l'incomparable et absolue valeur de son être. (Il suffit de rappeler ici la belle distinction de Kant entre une réalité qui a du prix et une autre qui est hors du prix, c'est-à-dire qui a une dignité : « Dans le règne des fins, tout a un prix ou une dignité. Ce qui a un prix peut tout aussi bien être remplacé par quelque chose d'équivalent. Au contraire, ce qui est supérieur à tout prix, ce qui par suite n'admet pas d'équivalent, c'est ce qui a une dignité. Ce qui se rapporte aux inclinations et aux besoins généraux de l'homme, cela a un prix marchand ; ce qui, même sans supposer de besoin, correspond à un certain goût, c'est-à-dire à la satisfaction que nous procure un simple jeu sans but de nos facultés mentales, cela a un prix de sentiment ; mais ce qui constitue la condition qui seule peut faire quelque chose est une fin en soi, cela n'a pas seulement une valeur relative, c'est-à-dire un prix, mais une valeur intrinsèque, c'est-à-dire une dignité. » (Emmanuel KANT, *Fondements de la métaphysique des mœurs*. Trad. Victor Delbos. Ed. Delagrave, 1952, p.160, cité par René SIMON, *Pour une éthique commune : Réflexions philosophiques et éclairages théologiques 1970-2000. Textes réunis par Eric Gaziaux et Denis Müller*, Cerf, Paris, 2009, p. 135. Voir aussi THIEL, Marie-Jo « La dignité humaine. Perspectives éthiques et théologiques », in VINCENT, Gilbert (sous la direction de), *Le corps, le sensible et le sens*, PUS, 2004, p. 131-164,consulté surhttp://ethique-alsace.unistra.fr/fileadmin/upload/DUN/ethique/Ressources_doc/Dignite_humaine-CSRESarticleMJT.pdfle 06 mai 2011.)

Du coup, l'éthique de la dignité humaine renvoie à ce comportement humain vraiment convenant de l'homme parce qu'il l'humanise davantage et toujours mieux dans sa société. Et cela commence par le fait qu'il respecte l'autre dans son être même et se respecte lui-même comme homme donné par Dieu à la société et à l'histoire.

En vérité, aussi bien pour la morale chrétienne que pour le meilleur des cultures africaines, évoquer la dignité de la personne humaine, c'est rappeler d'abord la protection de la vie. Pour l'une et pour les autres, tuer est immoral. Toutefois, si, généralement, en morale traditionnelle africaine, tuer peut se comprendre et se justifier comme moyen de protection de sa propre vie ou de celle d'autrui, en morale chrétienne, mourir pour autrui est toujours plus évangélique que tuer pour vivre. On voit par là que l'éthique traditionnelle et la morale évangélique, même si elles ont des points communs, elles ne s'identifient guère. Mieux, je constate que dans les situations de crise profonde, dans nos pays africains, où tueries et violences se multiplient, le chrétien africain est souvent tenté de céder plutôt aux principes d'une éthique de vengeance qui n'est même pas conforme à sa morale traditionnelle, au détriment de la morale évangélique. D'où ces questions : la morale évangélique est-elle encore praticable dans nos pays aussi déstructurés ? Lorsqu'on parle de la dignité de la personne humaine aujourd'hui en Afrique, la théologie peut-elle y contribuer ? Et comment ? Sur quel levier théologique faut-il actionner pour corriger efficacement la situation de non-respect de la dignité humaine dans nos pays africains ?

Ma contribution tâchera de montrer que la praticabilité de l'éthique évangélique reste encore à inventer en Afrique dans le contexte des morales ambiantes peu soucieuses de la dignité de la personne humaine. De là, il est possible de comprendre non seulement la nécessité d'une inculturation de la morale évangélique, mais aussi les limites d'une éthique philosophique, soit-elle chrétienne, par rapport à la théologie morale attachée à la perfection humaine dont le symbole type par excellence reste le martyr ou le mystique.

Je le ferai en partant d'abord de la comparaison entre la morale du Christ et celle des chrétiens sur la question précise du respect et de la protection de la vie. Cette comparaison nous permettra de mieux voir la part du culturel, parfois très important, dans la morale chrétienne au détriment de l'enseignement même de l'Evangile du Christ. De là, apparaîtra mieux la nécessité d'une nouvelle inculturation de la morale évangélique en Afrique aujourd'hui à partir du défi de la dignité de la personne humaine. Je conclurai enfin par la proposition d'une modification de nos études en matière de formation éthique en philosophie et en théologie pour rendre plus praticable la morale évangélique sur le continent noir.

A travers ce cheminement, je voudrais défendre une thèse : la morale de la dignité de la vie telle qu'elle s'est exprimée dans l'histoire s'est fourvoyée en mettant plus l'accent sur la philosophie de la loi naturelle que sur l'enseignement direct du Christ et sa propre existence concrète. En conséquence, dans les recherches d'inculturation en théologie morale, il convient de recentrer la recherche davantage sur le Christ lui-même que sur une culture.

1. MORALE DU CHRIST ET MORALE CHRETIENNE DE LA PROTECTION DE LA VIE ET DE LA DIGNITE DE LA PERSONNE HUMAINE

A la question : qu'est-ce que la morale chrétienne ? les réponses divergent. René Simon, partant du principe que « la conduite humaine est le lieu du savoir éthique » estime que « pour savoir ce que c'est que la morale théologique, la morale chrétienne, il faut interroger le chrétien qui agit. » (En effet, « la conduite chrétienne est un des lieux théologiques de la théologie morale. » (Ibid., p. 200.) C'est vrai, mais d'où le chrétien tient-il la norme exacte de son comportement proprement chrétien ? *Veritatis Splendor* nous enseigne que c'est, d'abord et avant tout, du Christ lui-même. (Voir tout le chapitre I qui va du numéro 6 au numéro 27.) Dès lors, lorsqu'on parle de morale chrétienne, s'il est compréhensible de regarder les chrétiens se conduire de manière sensée, c'est principalement au Christ lui-même, à son enseignement et à sa pratique concrète, qu'il faut se référer pour connaître, à sa source, la morale que les chrétiens professent et pratiquent plus ou moins parfaitement.(Cette vérité se tient, même derrière les expressions « la morale chrétienne consiste en l'imitation du Christ » ou en « la suite du Christ ».) C'est dire que, dans l'expression « morale chrétienne », il faut entendre deux choses distinctes : la morale du Christ et celle de ses disciples. En effet, avant d'être une science, l'éthique chrétienne a commencé par une existence qui a pour fondement le Christ lui-même, sa pratique et son enseignement. Même si ces derniers nous sont connus par ce qu'ont « traduit » les chrétiens, par leur credo, leurs enseignements et leurs propres pratiques, il ne fait point de doute qu'entre le Christ et ses disciples, il y a une distinction à telle enseigne qu'on peut clairement distinguer dans la morale chrétienne l'enseignement du Christ et celui de ses disciples.

Dans l'enseignement et la pratique du Christ, que pouvons-nous retenir par rapport à la protection de la vie ?

a. MORALE DU CHRIST DE LA PROTECTION DE LA VIE

Les évangiles (Nous savons que « Les évangiles n'ont pas eu pour dessein d'écrire une vie de Jésus telle que nous la concevrions actuellement » (Wilfrid HARRINGTON, *Nouvelle introduction à la bible*, traduit de l'anglais par Jacques Winandy, Seuil, Paris, 1971, p. 611). En parlant de la vie de Jésus, leur but était, comme dit saint Jean, d'amener à la foi que Jésus est Christ, le Fils de Dieu, et par cette foi, le croyant ait la vie en son nom (cf. Jn 20, 31). Mais, c'est aussi par ce "Christ de la foi" que nous connaissons, à sa juste mesure, "le Jésus de l'histoire" ; car, « il faut maintenir la relation dialectique entre les deux pôles. » (Informatique et Bible (sous la direction de), *Petit dictionnaire de la bible*, Brepols/Verbum Bible, Kinshasa, 1996, p. 475. Voir aussi : Odette, Mainville, « La quête du Jésus de l'histoire » in Michel QUESNEL et Philippe GRUSON (sous la direction de), *La bible et sa culture : Jésus et le Nouveau Testament*, DDB, Paris, 2000, p. 55-69), nous dévoilent la morale de Jésus le Christ : comment il se comporte dans chaque situation de sa vie telle qu'on la connait et son enseignement sur comment il faut se comporter. En examinant particulièrement cette existence (à la fois vie et enseignement) morale du Christ sous le prisme de la protection de la vie, on voit clairement que "celui qui a donné sa vie pour la multitude" (Cf. Mt 20, 28 ; 26, 28 ; Mc 10, 45 ; 14, 24), enseigne une morale de la protection de la vie hors pair. « Il est passé partout en bienfaiteur» (Ac 10, 38), confesse Pierre devant les païens. A l'heure de la croix, il a clairement montré que la violence ne pouvait être une arme de combat pour celui qui se réclame de lui. C'est ainsi qu'il demande à un de ses disciples qui le défendait par l'épée : « remets ton épée à sa place car tous ceux qui prennent l'épée périront par l'épée. » (Mt 26, 52 ou cf. Jn 18, 10; Lc 22, 50-51. On remarquera que st Luc, conformément à son insistance sur la miséricorde divine, exprimée par Jésus, sera le seul à retenir la guérison du serviteur du grand prêtre que le disciple de Jésus avait blessé par son épée.) Ce comportement rejoint bien sa "doctrine morale" totalement axée sur la perfection de ses disciples : « vous donc, soyez parfaits comme votre Père céleste est parfait » (Mt 5, 48).(Lc 6, 36 dit plutôt : « Soyez miséricordieux comme votre Père est miséricordieux. »Par conséquent, si perfection n'est pas uniquement miséricorde, celle-ci devient bien le chemin incontournable de celle-là, selon l'Evangile. Ce qui invite le chrétien à une compréhension différente de la justice individuelle et sociale qui parfait l'homme allié à Dieu !) Cet enseignement a fait écrire que Jésus appelle ses disciples à l'extraordinaire.(André SEVE écrit en effet : « Vouloir vraiment être chrétien, c'est vouloir être extraordinaire... Pourquoi êtes-vous appelés à l'extraordinaire ? ... Parce que vous êtes les fils de Dieu. Les païens font ceci et cela, mais "vous, soyez parfaits comme votre Père céleste est parfait" » (*L'évangile du Jour : 324 méditations*, Bayard éditions/Centurion, Paris, 1997, p. 188)) Cette "perfection du Père" a été le modèle de l'existence concrète de Jésus lui-même, et cet "extraordinaire", auquel il appelle ses disciples, n'est pas simplement théorique ; c'est à partir d'exemples concrets et pratiques que Jésus arrive à ce principe. Et lorsqu'il dit à ses disciples : « mon commandement, le voici : aimez-vous les uns les autres comme je vous ai aimés », c'est le même principe d'une morale parfaite à l'instar du Père céleste qu'il exprime. (En st Jean, c'est tellement clair, puisque, Jésus, avant de donner son commandement, affirme d'abord sa relation d'amour avec le Père qu'il présente comme modèle de relation entre ses disciples et lui : « Comme le Père m'a aimé, moi aussi je vous ai aimés : demeurez dans mon amour. Si vous observez mes commandements, vous demeurerez dans mon amour, comme, en observant les commandements de mon Père je demeure dans son amour » (Jn 15, 9-10). C'est après cela qu'il donne son commandement, son sens, sa portée et en quoi il consiste clairement (cf. Jn 15, 12-15).

Cette perfection existentielle voulue par le Christ pour ses disciples s'exprime clairement dans son "Sermon sur la montagne". (Le théologien dominicain Servais Pinckaers affirme, à juste titre que, « Le Sermon sur la montagne est un des textes évangéliques majeurs pour la morale chrétienne. Telle paraît bien être l'intention même de saint Matthieu dans la rédaction de son évangile. Dans ce premier des cinq grands discours qui forment le corps de son œuvre, l'évangéliste a clairement voulu rassembler l'enseignement de Jésus sur la justice qu'il proposait à ses auditeurs, « supérieure à celle des scribes et des pharisiens », soit sur la conduite et les mœurs qui distingueraient ses disciples. Nous avons là un condensé de la morale évangélique placé sur les lèvres mêmes du Seigneur » (Servais PINCKAERS, *Les sources de la morale chrétienne : sa méthode, son contenu, son histoire*, 3ème édition revue et corrigée, éd.universitaires Fribourg/éd. du Cerf/Paris, 1993, p. 149))En matière de protection de la vie, ce texte nous montre clairement qu' « être disciple du Christ », du point de vue éthique, passe nécessairement par la non-violence totale, voire par un réel sacrifice de soi. On a pu ainsi remarquer que, même des personnages non baptisés comme Gandhi qui ont marqué l'histoire moderne par leur engagement effectif pour la protection de la vie au nom de la dignité humaine et de la justice qui en découle, l'ont utilisé comme l'un de leurs textes préférés. (Ibid., p. 149)Est-ce à dire que la question de la protection de la vie comme point de départ de la dignité de la personne humaine ne serait pas propre à la morale chrétienne ? Cela va de soi, mais l'authenticité et la vérité de l'être chrétien sur ce point ramènent clairement au Christ lui-même qui s'est engagé totalement pour la protection de la vie et qui a appelé clairement à s'engager en ce sens, de manière parfaite, c'est-à-dire bien plus que les païens et les juifs de son temps.

Ceci est confirmé par ce que l'on sait de la morale chrétienne enseignée par saint Paul par exemple. Servais Pinckaers(p. 127s) le montre très bien. Selon lui, pour savoir comment l'apôtre des nations décrit la morale chrétienne en face de la morale juive et de la morale païenne, il n'y a rien de plus intéressant que de « relire … les trois premiers chapitres de la première aux Corinthiens et de l'épitre aux Romains. »(Ibid.) Cette relecture permet de remarquer que « devant la justice juive et la sagesse grecque, il (Paul) dresse une vertu nouvelle : la foi en Jésus, crucifié et ressuscité, devenu pour tout homme source de la justice et de la sagesse de Dieu. Il pose ainsi un fondement nouveau à l'édifice de la morale, une vertu que les Grecs ignoraient, que les Juifs méconnaissaient : la foi et la foi en Jésus. »(Ibid, p. 128) De cette relecture, Servais Pinckaers(Ibid., p. 129) réaffirme la spécificité de la morale chrétienne en se fondant sur Paul qui a

> « placé le foyer de la morale chrétienne dans une personne, Jésus, lui et nul autre, lui pour tous les hommes. Jésus n'est pas simplement pour Paul le prédicateur de la plus haute morale donnée par Dieu, à la manière de Moïse, ni un modèle parfait proposé à l'imitation des croyants, comme les Grecs pouvaient admirer Socrate. Jésus, dans son individualité historique, y compris dans son corps qui a souffert et est ressuscité, devient la source et la cause de la sainteté et de la sagesse nouvelles offertes aux hommes par Dieu. Aucune morale humaine ne pouvait faire cela. »

D'où la conclusion qui s'impose : « L'union personnelle au Christ, par la foi et par l'amour, a une conséquence directe et générale pour la vie morale du chrétien : le centre et le but de sa vie, là où tendent ses désirs et où il met son cœur, se trouvent déplacés et transportés hors de l'horizon que découvrent les yeux humains, au-delà de la souffrance et de la mort, auprès du Christ ressuscité siégeant avec le Père. » (p. 129)Dans cette ligne, la dignité de la personne humaine s'éclaire d'une manière hors du commun et exige du chrétien qu'il n'agisse que comme le Christ pour se réclamer de son appartenance à lui.

Ce parcours nous permet de bien nous rendre compte qu'en partant du Christ lui-même, son enseignement et sa pratique, la compréhension profonde de son mystère, sa passion, sa mort et sa résurrection, comme le fait saint Paul, entre autres, on aboutit à une conception de la morale chrétienne qui n'a rien à voir avec les conceptions purement humaines. Quiconque se réclame du Christ, dans cette logique, est appelé à une existence tout à fait "extraordinaire" que la raison humaine a de la peine à saisir dans sa totalité et sa profondeur. Un tel engagement, avec les motivations et les énergies qui le soutiennent et le structurent, relève proprement de la foi. Et la science qui en fait son objet d'étude, si elle veut être pleinement significative, pertinente et efficace, en vue des résultats probants, ne se peut qu'à partir de la foi et seulement dans la foi. Par conséquent, sa rationalité, aussi authentique soit-elle, n'est que relative aux yeux des logiques des sciences dures.

Cette morale proprement évangélique est-elle encore la pratique des chrétiens, après la période apostolique marquée par les martyrs, qui, au lieu d'avoir du sang sur leurs mains, ont préféré donner leur vie en sacrifice et en témoignage de leur appartenance sans réserve au Christ ? L'examen de la question de la protection de la vie, telle qu'elle a été traitée traditionnellement dans le catholicisme depuis le moyen-âge nous montre un changement de perspective. Ce changement s'explique par le souci de rendre la morale évangélique plus compréhensible par la raison humaine et plus praticable humainement parlant. (Il suffit pour cela de ne considérer que la question de la peine de mort en relation avec la dignité de la personne humaine, notamment chez un saint Thomas ; ce que nous allons examiner dans le paragraphe suivant.)

b. LA MORALE CHRETIENNE ENTRE IDEALISME EVANGELIQUE ET REALISME CULTUREL EUROPEEN

Le contexte de la naissance des religieux, contestant la compromission de l'Eglise avec l'Empire, après la paix constantinienne, est bien révélateur d'un changement dans l'exigence morale chrétienne courante du moyen-âge. Sans céder aux thèses du masochisme chrétien qui voudrait qu'il faille nécessairement souffrir dans sa chair, ici-bas, pour avoir une chance d'être sauvé dans son âme, il faut reconnaître qu'avec la paix constantinienne, la tiédeur de l'exigence morale chrétienne s'est emparée de la majorité des chrétiens. L'alliance compromettante entre l'Eglise et l'Empire oblige les tenants de la perfection chrétienne à "la fuite du monde" pour n'être qu'au Christ. Cette "fuite du monde" se fonde sur des passages de l'Evangile qui portent la même marque d'exigence que l'appel à la perfection, y compris morale, pour suivre vraiment le Christ. (On a vu en saint Antoine le Grand (v. 251-356) le "Père de la vie religieuse" dont la vocation commence par la prise à la lettre de l'adresse de Jésus "au jeune homme riche" : « si tu veux être parfait, va, vends ce que tu possèdes, donne-le aux pauvres et tu auras un trésor dans les cieux. Puis viens, suis-moi » (Mt 19, 21).)A partir de la naissance de la vie religieuse, le modèle du chrétien qui était le martyr devient maintenant le religieux, appelé le martyr blanc. Ce changement s'explique par le fait qu'on voit désormais dans le religieux, comme on voyait naguère dans le martyr, celui qui incarne, le mieux, l'imitation et la suite du Christ. Mais manifestement, tous les chrétiens ne pouvaient pas vivre les exigences de la suite du Christ comme le vivaient les religieux. Et on en vient à penser que dans l'Eglise, deux morales distinctes peuvent coexister : l'une pour les parfaits, les religieux, et l'autre pour le commun des fidèles, les non religieux.

Cette situation révèle simplement que la rigueur de la morale chrétienne est devenue, avec le temps, quasi invivable pour le commun des fidèles. Et l'une des causes en est que l'expansion de la foi dans le monde, avec le souci d'adaptation à la culture du temps et du milieu, aurait dilué la vertu chrétienne. Dans ce contexte, on voit que sur la question précise de la protection de la vie, l'Evangile du Christ n'est plus la première référence chez le commun des fidèles, mais plutôt la culture du temps qu'on essaye d'accommoder plus ou moins correctement avec la Parole de Dieu. Chez les théologiens, cela se justifie par le souci de rendre l'Evangile accessible à tous et vivable facilement par tous humainement. Et c'est le concept clé de la nature qui est utilisé pour cela. Or, c'est sur le même concept qu'on fonde le principe de la dignité de la personne humaine.

Pinto De Oliveira(1992, p. 137s) nous dit en effet que la doctrine catholique fait « appel à la nature, à la loi naturelle en vue de fonder – pour la conscience chrétienne et pour toute conscience humaine – le respect de la vie humaine, notamment de sa transmission selon les desseins du Créateur. » (Ibid.) Et ceci est « le premier noyau, le noyau dur de la doctrine catholique envisagée dans son contenu proprement moral. » (Ibid.) L'auteur en conclut: « le respect de la vie humaine, la condamnation de l'homicide et du suicide, la légitimité de la peine de mort ainsi que la défense de sa propre vie par la mise à mort de l'injuste agresseur – toute cette élaboration éthique reprend pour l'essentiel la problématique antique gréco-romaine et l'appuie sur les textes bibliques. » (Ibid., p. 138) Et cette doctrine et cette manière de faire sont devenues classiques depuis la synthèse de saint Thomas d'Aquin.

En examinant le travail de ce dernier et l'allure qu'a prise la conception de la protection de la vie humaine en rapport avec la dignité de la personne humaine, on voit clairement l'influence trop grande de la culture dans l'interprétation du message biblique. En effet, en fondant la peine de mort sur l'indignité du coupable qui n'altère pas la nature mais uniquement la dignité humaine, le grand Thomas d'Aquin a plus cédé au réalisme d'une existence humaine concrète qu'à l'exigence du message évangélique qui n'admet nulle part la peine de mort et encore moins la guerre.

En y réfléchissant sérieusement, nos cultures traditionnelles africaines légitimeraient-elles aussi facilement la peine de mort lorsqu'elles relisent l'Evangile du Christ ? Il me semble que non.

2. VERS UNE INCULTURATION DE LA MORALE CHRETIENNE A PARTIR DU DEFI DE LA DIGNITE DE LA PERSONNE HUMAINE

La dignité de la personne humaine telle qu'elle nous est servie par la culture européenne et sa relecture de l'Evangile et de la morale du Christ apparaît manifestement bien limitée. La suite transformatrice du Christ exige une considération plus rigoureuse de la perfection morale telle qu'enseignée par le Christ et ses apôtres. L'Africain soucieux de suivre résolument le Christ et d'en témoigner par une vie morale conséquente est aujourd'hui appelé à plus et à mieux que les velléités expansionnistes à l'européenne. Et face à la barbarie meurtrière, il est surtout convoqué à une pratique différente de celle qui se manifeste à première vue, par des comportements de vengeance au nom de la protection de la vie. C'est un véritable défi qui est lancé au théologien africain qui constate l'écart trop grand entre le souci évangélique de la protection de la vie et la pratique concrète des chrétiens. Et s'il veut aider les chrétiens à être plus authentiques dans le respect de la dignité de la vie, par la protection effective de la personne humaine, il lui faut certainement repartir d'une meilleure relecture de l'Evangile à propos du respect absolu de la vie humaine et du meilleur enseignement de sa culture sur le même sujet.

a. POUR UNE VRAIE INCULTURATION, UNE RELECTURE AUTHENTIQUE DE LA BIBLE

Après les ravages des deux guerres mondiales marquées par des barbaries inqualifiables, des théologiens moralistes comme Stanley Hauerwas en sont venus à estimer que seule la non-violence est la meilleure transcription éthique de l'Evangile de la paix. Cette orientation et cette prise de position sont une contestation d'autres options théologiques en morale. (A ce sujet, voir par exemple, Alain THOMASSET, « La place de l'Ecriture en éthique théologique » in Jean-Daniel CAUSSE et Denis MÜLLER (sous la direction de.), *Introduction à l'éthique : Penser, croire, agir*, Labor et Fides, Genève, 2009, p. 138ss où l'auteur parle de six modèles d'usage de l'Ecriture chez les théologiens moralistes.) Stanley et ceux qui sont de la même tendance justifient leur option notamment par la spécificité de la morale chrétienne qui ne doit pas être confondue avec d'autres pratiques. Pour Stanley Hauerwas (2006, p. 119), « les abstractions "nature" et "grâce", tout particulièrement, ont déformé la conception de l'éthique dans la tradition catholique », car, pour lui, « être chrétien n'est pas la même chose qu'être une personne humaine »(Ibid.). Il va même plus loin en affirmant :

« lorsque les couples création-rédemption et nature-grâce deviennent centraux dans l'intention de soutenir une éthique universaliste, il y a une tendance manifeste à justifier la violence comme une forme légitime du comportement chrétien. Car on prétend que les chrétiens doivent prendre leur responsabilité pour la "création", même si cela implique le recours à la violence. De plus, la "rédemption" forgée devient un idéal que l'on explique sans référence à la vie et à l'enseignement de Jésus. Par conséquent, la rédemption de Jésus est affirmée, mais non pas d'une manière qui nous incite à prendre son enseignement au sérieux pour l'orientation de notre vie. Pourtant, la rédemption opérée par Jésus n'est pas déconnectée de ce qu'il a enseigné ; en effet, si nous ne prenons pas son enseignement au sérieux nous ne pourrons pas comprendre la rédemption ».(Ibid., p. 122, note 13)

Stanley Hauerwas n'est pas seul à critiquer cette vision trop universaliste de la théologie catholique par le biais de la loi naturelle. Alain Thomasset écrit :

« la morale catholique a traditionnellement trouvé sa base dans la loi naturelle, une éthique philosophique plutôt que sur l'Ecriture. … (celle-ci)

dans ce contexte ne peut offrir de nouveaux contenus moraux, de nouvelles normes que la raison serait radicalement incapable de connaître. (…). Du côté positif, cette tradition de la loi naturelle permet de s'adresser à toute personne de bonne volonté. Elle suppose que, par la conscience, Dieu parle à toute l'humanité ; elle insiste sur le non-arbitraire de la révélation. Négativement, elle court le risque de ne pas nourrir la réflexion morale des croyants sur les réalités profondes de la grâce, de la liberté du croyant dans l'Esprit Saint, de la filiation divine, et de la relation avec le Christ ressuscité qui sont les sources de l'engagement chrétien. Elle néglige la transformation du cœur si importante en morale, à côté de l'effort de la définition et d'application de normes concrètes d'action » (L'auteur note cependant qu'« après les recommandations du Concile Vatican II, les théologiens catholiques ont essayé de répondre à cette exigence » (Alain THOMASSET, « La place de l'Ecriture en éthique théologique » in Jean-Daniel CAUSSE et Denis MÜLLER (sous la direction de.), *Introduction à l'éthique : Penser, croire, agir*, Labor et Fides, Genève, 2009, p. 134.)

Cette critique, recevable au moins en partie, nous enseigne que le travail théologique en morale ne se fait authentiquement qu'en interprétant la bible judicieusement pour ne pas altérer le message moral du Christ et des apôtres. Selon le concile Vatican II, le premier principe de perfectionnement de la théologie morale est le retour au lien plus effectif avec l'Ecriture Sainte.(Optatam Totius n° 16). Alain Thomasset montre par ailleurs que les différentes options en éthique théologique proviennent d'une lecture particulière de la bible ou du moins se fondent sur différentes manières de lire la bible. (Cf. Alain THOMASSET, « La place de l'Ecriture en éthique théologique », article cité, p. 138s.) Manifestement le principe philosophique scholastique, « *quid quid recipitur ad modum recipientis recipitur* » (Tout ce qui est reçu, l'est selon le mode de réception du récepteur !) reste vrai. Nous sommes donc fondés à relire la bible et notamment l'Evangile autrement pour une existence morale plus respectueuse de la dignité de la personne humaine en partant du principe que cette dignité commence par le refus absolu de tuer comme nous l'enseigne aussi l'authentique culture africaine qu'on sait par ailleurs qu'elle n'est jamais totalement uniforme. (En effet, à l'intérieur d'une même culture, on peut remarquer plusieurs tendances différentes sur un même élément. Le chercheur en éthique qui veut interpréter "bénéfiquement" cette culture pour une existence meilleure, est tenu de tenir compte, non pas de la généralité ou de la majorité, ce que malheureusement la sociologie et les statistiques nous obligent à faire, mais bien de ces pics qui tirent l'ensemble vers le haut, vers le mieux-être.)

b. LA MORALE TRADITIONNELLE AFRICAINE EST CONTRE LA MORT

La culture traditionnelle kabyè (Les Kabyè sont un peuple au nord du Togo. Pour plus de détails sur ce peuple, voir entre autres, Brice BINI, *La protection et la promotion de la vie, wezu, loi fondamentale du Kabiyè, face à la loi de l'Evangile*, mémoire de licence canonique en théologie, ICAO, Abidjan, 1993 ; Patrice ALOU, *La conception de Dieu appelé Eso chez les Kabiye du Togo, en Afrique occidentale et l'originalité du christianisme*, thèse de doctorat, Université du Latran, Rome, 1984.)

que je connais mieux, a une conception de la vie qui ne lui permet pas de fonder la peine de mort. Dans cette culture, même involontairement détruite, toute vie doit être réparée. Trois petits exemples suffisent pour étayer cette manière d'être :

1) Ceux qui reviennent de la guerre sont soumis à des purifications parce qu'ils ont tués des vies.

2) Une femme enceinte qui subit un avortement involontaire est soumise à des purifications parce qu'elle a perdu une vie qui lui a été confiée.

3) Un sorcier, même le plus redoutable et le plus infecte, n'est jamais tué, mais plutôt exclu du village.

Tout ceci manifeste clairement qu'en réalité, la culture kabyè ne légitime jamais la peine de mort et encore moins les tueries barbares et aveugles. (Montagneux et initiatique, le peuple kabyè est dit guerrier.Mais n'étant jamais un peuple expansionniste, quand il est en guerre, c'est toujours pour se défendre. C'est la même exigence de la protection de la vie qui oblige,en général, à la défense ; mais la vie étant la même, tuer par défense demande des purifications pour être en accord avec Dieu et les ancêtres, premiers responsables de la vie. On voit ainsi que la lutte pour la vie fait partie de l'exigence morale de protection de la vie.)

Du coup, si pour saint Thomas et sa culture, la dignité de la vie peut se perdre et rendre indigne de vivre, voire mériter d'être mis à mort, il semble que pour la morale traditionnelle africaine, du moins dans certaines aires culturelles comme chez les kabyè, et pour la morale proprement évangélique, la dignité de la vie est comme co-naturelle à la nature même de la personne humaine comme don de Dieu appelé à s'épanouir en Dieu.

Cependant, il n'y a pas à confondre la nature humaine avec la dignité humaine. Si cette dernière se reçoit de Dieu qui a voulu l'homme à son image et à sa ressemblance tel que nous l'enseigne la théologie catholique classique, la nature humaine, en elle-même, n'est digne que parce qu'elle est appelée in fine à la communion totale avec Dieu son Créateur. Cette communion n'est plus possible simplement du fait de la nature mais comme du fait de la culture évangélique qui donne à l'homme d'accepter de s'ouvrir librement à la grâce du salut que lui offre Dieu lui-même par et en son Fils Jésus-Christ.

Il est clair que nous quittons là le domaine de la pure raison pour entrer pleinement dans celui de la foi qui ouvre au salut et qui exige un agir propre de salut. C'est àce niveau de réflexion qu'apparaît clairement l'importance de la culture pour comprendre le message de foi et pour discerner l'agir qui se réclame de cette foi ou qui en correspond. Pour la culture gréco-romaine ou la culture européenne, culture de conquête et d'assimilation, comprendre la protection de la personne humaine ou de la vie, ne peut se faire sans cette dimension (de conquête ou d'assimilation). D'où ce qu'on a toujours enseigné : la guerre juste, la légitimité de la peine de mort et la légitime défense qui va jusqu'à la tuerie de l'agresseur. Manifestement, il s'agit d'un réalisme trop humain par rapport aux données excessivement idéalistes voire utopiques de l'Evangile et de la morale du Christ qui deviennent alors comme inaccessibles ou impraticables pour les hommes de cette culture.

Et si nous osions réinterpréter l'Evangile du Christ à partir de la culture traditionnelle africaine, dans sa noble pureté qui n'admet point la tuerie de quelque façon que ce soit, et en ne faisant pas d'impasse sur la radicalité de la morale du Christ telle que nous l'avons décrite ? Nous serions totalement loin des vues des pratiques ou morales ambiantes qui sèment violences et morts dans nos pays africains.

3. THEOLOGIE MORALE DE LA DIGNITE DE LA VIE ET REORGANISATION DES ETUDES MORALES EN AFRIQUE

La question morale de la dignité de la personne humaine est traitée en Eglise catholique à partir du principe biblique et théologique que l'homme est créé à l'image et à la ressemblance de Dieu. Mais c'est surtout la notion philosophique de la loi naturelle que la réflexion éthique catholique utilise pour soutenir la dignité de la personne humaine et montrer en même temps l'universalité de cette doctrine. Ce faisant, la doctrine catholique de la dignité de la personne humaine semble plus correspondre aux données culturelles gréco-romaines qu'à celle de l'Evangile de Jésus-Christ.

A mon sens, si l'on veut fonder évangéliquement et donc "christologiquement" (La particularité du christianisme concerne de façon spéciale la dignité de la personne humaine et de la vie. Le chrétien qui lutte pour la dignité de la personne humaine doit pouvoir trouver dans le Christ lui-même les éléments fondateurs et structurants de cette dignité. Il ne doit plus se contenter uniquement de la loi naturelle qui relève de la rationalité universelle et, pour ainsi dire, de la révélation naturelle.)

Ce sujet n'est plus un réel défi en Europe ; les défis éthiques relatifs à l'homicide sont désormais l'avortement et l'euthanasie. En Afrique, l'homicide et les tueries demeurent encore des défis éthiques de première importance.)a dignité de la personne humaine, il convient de relire plus sérieusement l'Evangile du Christ. Cette relecture de l'Evangile dans la foi authentique nous montre que la dignité absolue de la personne humaine ne permet aucune violence sur l'homme à l'instar du comportement même du Christ Jésus.

Ce parcours nous permet de voir clairement qu'en morale chrétienne, si la culture a une importance, cette dernière n'est point la première. Du coup, à l'heure où la situation africaine exige une investigation philosophique et théologique pour redorer le blason du respect scrupuleux de la vie humaine, si la culture africaine, dans ce qu'elle a de meilleur en matière de protection de la vie, peut aider, l'expérience européenne d'utilisation de la culture pour rendre l'Evangile plus praticable, nous enseigne que nous devons plutôt nous fonder davantage sur la foi au Christ et la passion qu'elle génère dans la pratique concrète et non céder facilement, parce que ce serait plus commode, aux données de nos cultures.

Par ailleurs, comme dans les programmes de formation morale, l'homicide n'est plus traité aussi clairement que par le passé,(Ce sujet n'est plus un réel défi en Europe ; les défis éthiques relatifs à l'homicide sont désormais l'avortement et l'euthanasie. En Afrique, l'homicide et les tueries demeurent encore des défis éthiques de première importance.) il urge qu'en Afrique, nous réorganisions les programmes de théologie morale fondamentale en y insérant un traité précis sur le refus de l'homicide sous toutes ses formes, comme point de départ d'une vraie éthique théologique de la dignité de la personne humaine. Aujourd'hui, dans les programmes de théologie que nous recevons, la question de la protection de la vie est examinée souvent comme relevant de la bioéthique. Or, en Afrique, le problème de la destruction de la vie va au-delà des questions d'avortement, de suicide et d'euthanasie. Il concerne principalement les violences massives dues aux guerres et aux rébellions ainsi qu'à la folie des politiciens despotes et tyrans qui n'ont aucun scrupule à tuer pour se maintenir ou pour accéder au pouvoir. Et cette manière de faire se généralisant, désacralise totalement la personne humaine et sa vie. Le réflexe ambiant devient alors de tuer pour survivre. Or, il est évident que celui qui a le "courage" de détruire directement des êtres humains, adultes, jeunes et enfants, surtout innocents, n'aura aucun scrupule devant les questions d'avortement et d'euthanasie. Par conséquent, l'éducation au respect de la vie naissante et finissante commence d'abord par le respect strict du principe élémentaire de la morale naturelle : « tu ne tueras pas ! » Et si aujourd'hui, la valeur incomparable et absolue de la vie humaine n'est plus une référence claire, dans l'existence politique et sociale en Afrique, il y a là un défi d'éducation morale fondamentale qui doit retenir l'attention des philosophes et théologiens épris de la question de la dignité de la personne humaine. Toutes les morales traditionnelles ou naturelles en font un principe incontournable. L'Evangile du Christ nous l'enseigne de manière tout à fait extraordinaire. Il n'y a donc plus de raison d'omettre cette question devenue cruciale en Afrique. A moins de considérer que le catéchisme initial remplirait parfaitement ce rôle éducateur de l'interdiction formelle du meurtre chez le chrétien, toute considération morale fondamentale, qui ne partirait pas de cette exigence à intégrer absolument dans la conscience morale chrétienne, risque de bâtir sur du sable ! Le non respect de la vie, aujourd'hui en Afrique, cette banalisation de l'homme et de la mort qui pousse à tuer ou à faire mourir comme solution pour mieux vivre, appelle une éducation ou une rééducation morale chrétienne qui fasse de ce défi un point de départ incontournable pour une vie authentique d'homme et de chrétien.

CONCLUSION

Michel Cavez-Lemoine fait remarquer que la dignité a trait avec le regard de l'autre et qu'elle ne signifie rien en dehors d'une relation :

« C'est seulement de cette manière qu'on peut aborder la question de la dignité. La dignité n'est pas une valeur en soi, c'est au contraire toujours une fonction du regard de l'autre. On n'est pas *digne* : on est *digne de quelque chose*, ou on est *digne dans son comportement devant les autres*. Cela signifie que c'est toujours *l'autre* qui est juge de ma propre dignité. L'être se donne au monde par cette partie de lui qui échappe, précisément, à sa propre connaissance, ce qui fait qu'il ne peut savoir et encore moins juger de ce qu'il est pour l'autre. Ainsi le mot de dignité n'a aucun sens en dehors d'une relation » (

Ethique et dignité, deux mots difficiles » sur http://michel.cavey-lemoine.net/spip.php?article62#nh16 page consultée le 06 mai 2011)

Cette vérité se tient doublement en théologie. C'est parce qu'il est créé à l'image et à la ressemblance de Dieu que l'homme est digne. C'est la dignité créaturale qui appelle une autre dignité, celle de son agir moral, que le théologien moraliste est appelé à mettre en exergue. C'est les yeux fixés sur le Christ que l'homme peut se comporter dignement comme chrétien. Et cette dignité est d'une importance capitale puisqu'elle transforme concrètement l'existence humaine en un chemin de salut, chemin sur lequel le Christ lui-même nous devance et nous attend.

Il me semble que sur ce chemin, si le théologien peut utiliser le savoir philosophique, il se rendra bien vite compte que c'est à la source même de la foi qu'il lui faut puiser les énergies de sa science. En vérité, en théologie morale chrétienne, si la culture est importante, car sans elle personne n'est enraciné, c'est d'abord le Christ tel qu'il s'est comporté dans l'histoire et son enseignement concret sur la manière de le suivre et de se conduire qui priment.

Notre parcours nous a montré qu'on peut facilement se tromper dans l'interprétation de l'Evangile par une culture, en l'occurrence la culture européenne, avec son désir d'expansion et d'universalisation, avec les concepts de guerre juste et de vengeance individuelle pour protéger et promouvoir la dignité humaine. Le même risque guète le théologien africain qui se réfère à sa culture pour mieux interpréter l'Evangile. D'où l'indispensable nécessité de rester toujours ouvert à autrui comme chemin de Dieu et chemin vers Dieu ;ouverture qui ne se peut qu'à la condition d'être attentif et vigilant à l'écoute du Seigneur Jésus-Christ qui, seul, renouvelle parfaitement et totalement l'homme dans l'intelligence de sa volonté dans l'histoire. Nous savons en effet avec le pape Jean-Paul II que « ce n'est pas l'Evangile qui doit changer, ce sont les cultures qui doivent s'efforcer de mieux assimiler les germes de Vie et de Salut apportés par Jésus-Christ » (Jean-Paul II, à Lomé le 10 août 1985, in Brice Kézié BINI, La place de l'inculturation en théologie morale fondamentale, Thèse présentée pour l'obtention du Doctorat en théologie à l'Institut Catholique de Paris, juin 2004, p. II)

Par conséquent, que l'inculturation soit nécessaire en théologie morale va de soi, mais à condition de comprendre nécessairement la dimension incontournable de la conversion qui fait d'elle une inculturation par contestation.(Voir notamment Brice BINI, « La notion d'inculturation par "contestation" en théologie morale fondamentale » in *Revue des Sciences philosophiques et théologiques*, t. 90, n. 4, oct-déc 2006, p. 665-695.) Celle-ci montre bien à la fois la perfection morale du Christ et de son enseignement et les limites de nos cultures, ne serait-ce que dans leur concrétisation dans l'histoire concrète.

BIBLIOGRAPHIE SOMMAIRE

1. 2ème Synode spécial sur l'Afrique, Message au Peuple de Dieu
2. JEAN-PAUL II(1993), *La splendeur de la vérité : Lettre encyclique VeritatisSplendor, 06 août 1993*, Mame/Plon, Paris.
3. JEAN-PAUL II(1995), *Ecclesia in Africa. Exhortation apostolique post-synodale sur l'Église en Afrique et sa mission évangélisatrice vers l'an 2000*, Médiapaul, Kinshasa, 1995.
4. « Gaudium et Spes » (1967)in *Concile œcuménique Vatican II, Constitutions, Décrets, Déclarations*, éd. du Centurion, Paris.
5. « OptatamTotius » (1967)*in Concile œcuménique Vatican II, Constitutions, Décrets, Déclarations*, éd. du Centurion, Paris.
6. P. ALOU (1984), *La conception de Dieu appelé Eso chez les Kabiye du Togo, en Afrique occidentale et l'originalité du christianisme*, thèse de doctorat, Université du Latran, Rome.
7. Brice Kézié BINI (2004), La place de l'inculturation en théologie morale fondamentale, Thèse

présentée pour l'obtention du Doctorat en théologie à l'Institut Catholique de Paris, juin

8. Brice BINI,(2006) « La notion d'inculturation par "contestation" en théologie morale fondamentale » in *Revue des Sciences philosophiques et théologiques*, t. 90, n. 4, oct-déc , p. 665-695.

9. Michel CAVEZ-LEMOINE, « Ethique et dignité, deux mots difficiles » sur http://michel.cavey-lemoine.net/spip.php?article62#nh16 page consultée le 06 mai 2011

10. Philippe DELHAYE(1977) dans « Introduction à une recherche sur les bases de la morale chrétienne » in *Communio*, tome II, n°4, juillet 1977

11. M. FABRE-MAGNAN, 2008 « Dignité humaine » in AAVV, *Dictionnaire des Droits de l'Homme*, QUADIGE/PUF, Paris, p. 285-291

12. W. HARRINGTON, 1971 *Nouvelle introduction à la bible*, traduit de l'anglais par Jacques Winandy, Seuil, Paris, 1971

13. S. HAUERWAS, 2006 *Le royaume de la paix : Une initiation à l'éthique chrétienne*, traduit de l'anglais par Pascale-Dominique Nau, Bayard, Paris

14. O. MAINVILLE 2000, « La quête du Jésus de l'histoire » in Michel QUESNEL et Philippe GRUSON (sous la direction de), *La bible et sa culture : Jésus et le Nouveau Testament*, DDB, Paris,

15. C. MENARD, Camil et F. VILLENEUVE,1995 Florent (sous la direction de), *Drames humains et foi chrétienne : approches éthiques et théologiques. Actes du congrès 1994 de la Société canadienne de théologie*, Fides, Quebec

16. C.J. OLIVEIRA PINTO (de) 1992 *Ethique chrétienne et dignité de l'homme*, Ed. Universitaires/Cerf, Fribourg/Paris, 1992

17. S. PINCKAERS, 1993, *Les sources de la morale chrétienne : sa méthode, son contenu, son histoire*, 3ème édition revue et corrigée, éd. universitaires Fribourg/éd. du Cerf/Paris, 1993

18. R. SIMON, 2009 *Pour une éthique commune : Réflexions philosophiques et éclairages théologiques 1970-2000, Textes réunis par EricGaziaux et Denis Müller*, Cerf, Paris, 2009

19. SIMON, René, *Fonder la morale : dialectique de la foi et de la raison pratique*, Seuil, Paris, 1974

20. M.J. THIEL, 2004 « La dignité humaine. Perspectives éthiques et théologiques », in VINCENT, Gilbert (sous la direction de), *Le corps, le sensible et le sens*, PUS, 2004, p. 131-164, consulté sur http://ethique-alsace.unistra.fr/fileadmin/upload/DUN/ethique/Ressources_doc/Dignite_humaine-CSRESarticleMJT.pdf le 06 mai 2011.

21. A. THOMASSET, « La place de l'Ecriture en éthique théologique » in Jean-Daniel CAUSSE et Denis MÜLLER (2009) (sous la direction de.), *Introduction à l'éthique : Penser, croire, agir*, Labor et Fides, Genève, 2009.

FEMME ET VIE CHEZ PLATON

Grahon Marie Thérèse Sidonie BEUGRE
Assistante (Département de Philosophie) Université Félix Houphouët Boigny Cocody-Abidjan

RESUME

La présente étude porte sur Femme et vie chez Platon. Elle aborde cette question par une double méthode : d'une part à travers les textes philosophiques de Platon et de l'autre par la conception de l'amour de la femme dans la Grèce antique selon laquelle, l'amour de la femme est considérée comme une bassesse sans valeur.

Aussi, remarque-t-on que la procréation qui montre que seul l'amour de la femme assure la pérennité de la vie, semble dans la pratique ne pas être considérée avec l'augmentation des adeptes de l'homosexualité, même si l'adoption d'enfant dans les relations d'homosexualité, signe de leur désir de surmonter la vie et tendre vers l'immortalité à travers l'enfant, ils confirment que la femme est au commencement de toute vie, quelques soit son devenir dans la société.

L'étude insiste sur la nécessité de valoriser l'amour hétérosexuel qui assure la reproduction de nos vies éphémères et lui apporte sans cesse une fraicheur renouvelante par la reproduction, signe de notre immortalité, tout en facilitant la maternité de la femme.

Mots clés :
Femme ; Procréation ; Maternité ; Enfant ; Homosexualité ; Immortalité

ABSTRACT

The present study concerns Woman and life at Plato. It approaches this question by a double methods: on one hand through Plato's philosophic texts and of the other one by the design of love of the woman in antique Greece according to which, love of the woman is considered a worthless lowness.

So, as it is noticed that the reproduction which shows that only love of the woman assures the sustainability of the life, seems in the practice not to be considered with the increase of the followers of the homosexuality, even if child's adoption in relation of homosexuality, sign of their desire to surmount the life and to aim towards the immortality through the child, they confirm that the woman is at the beginning of any life, some is her future in the society.

The study insists on require her to value heterosexual love which assures the reproduction of our short-lived lives and brings him ceaselessly a freshness renew by the reproduction, the sign of our immortality, while facilitating the maternity of the woman.

Key words

Woman; reproduction; maternity; child; homosexuality; immortality

INTRODUCTION

« La procréation **Erreur ! Signet non défini.**est chose divine, elle est le moyen par lequel le mortel s'immortalise et se perpétue en laissant toujours un individu plus jeune à la place**Erreur ! Signet non défini.** d'un plus vieux » (PLATON. – Op.Cit., *Le Banquet*, in Œuvres Complètes, 207c-208b.) Cette procréation est rendue possible non pas, par la pédérastie ou l'homosexualité, que les grecs semble considérer comme le véritable amour. Mais par Eros sentiment universel qui, gouverne non seulement les hommes mais aussi tous les êtres vivants

Face à l'homosexualité, cet amour de l'homme pour l'homme tourné uniquement vers la jouissance charnelle, les plaisirs et joies éphémères, incapable d'enfanter donc conduit inexorablement l'humanité vers son extinction.

Platon pense que seul l'amour de la femme, se présente comme une voie pour tout homme qui désir se surmonter lui-même et tendre vers l'immortalité à travers l'enfantement qui permet la pérennisation de l'humanité. Car la recherche de l'immortalité est selon lui, le seul vrai but de l'âme humaine.

On peut alors de demander en quoi l'amour de la femme permet l'immortalité de l'espèce humaine. Et comment permettre à la femme de donner de meilleures vies.

Dans l'analyse de notre travail, nous montrerons d'abord que seul l'amour de la femme donne vie et perpétue l'humanité. Ensuite que l'enfantement ne doit se faire que dans le beau et enfin, que la facilitation de la maternité se présente comme la condition d'une libération véritable de la femme dans sa mission de donneuse de vie.

I- L'ENFANTEMENT COMME SOURCE D'IMMORTALITE DE L'ESPECE HUMAINE

Dans ce monde éphémère où le temps rend précaire toute genèse, toute beauté, tout bonheur, le désir de l'homme n'est-il pas d'« être » ? Platon ne dit pas autre chose quand il affirme que la nature mortel cherche toujours autant qu'elle le peut, la perpétuité et l'immortalité ; mais elle ne le peut que par la génération en laissant toujours un individu plus jeune à la place d'un plus vieux.

Pour Platon, les hommes, parce que mortels cherchent comment immortaliser leur espèce afin que l'œuvre humaine se perpétue de génération en génération sans jamais s'arrêter ni prendre fin. Et le seul moyen que l'espèce humaine possède pour survivre en réalisant la génération de l'espèce est la maternité qui n'advient que par la reproduction qui uni sexuellement l'homme et la femme. Contrairement aux hommes de son temps, Platon ne rejette pas l'amour de la femme puisque l'enfant**Erreur ! Signet non défini.** est la marque du futur, l'espoir de demain.

Platon affirme que « l'amour est la manifestation la plus éclatante de cette aspiration ou à l'Etre ou à un bonheur durable ». Autrement dit, l'amour entre l'homme et la femme assure la reproduction de l'espèce afin de lui apporter sans cesse une fraîcheur renouvelante par la procréation et non l'homosexualité.

La pédérastie plus précisément l'homosexualité masculine**Erreur ! Signet non défini.** qui est née dans la Grèce**Erreur ! Signet non défini.** antique**Erreur ! Signet non défini.** au nom de la morale héroïque de l'honneur cher à la culture chevaleresque, a pour essence d'être une camaraderie guerrière. « Neuf années du grand Zeus ont passé, le bois de nos vaisseaux est pourri, et les câbles lâchent, nos femmes et nos petits enfants restent dans nos maisons à nous attendre, et nous, notre entreprise n'avance pas, pour laquelle nous sommes venus ici. Allons donc, l'avis que je vais donner, suivons le tous. Fuyons avec nos vaisseaux vers la terre de nos pères, car nous ne prendrons plus Troie aux larges rues » (HOMERE - *L'odyssée*, (Paris, Garnier Flammarion, 1965), traductions, introduction et notes par Médéric)

A travers donc les paroles que le puissant roi de guerre Agamemnon adresse à ses trônes. Il donne la notion du temps que les guerriers peuvent rester séparés de leur famille. Cette longue séparation va créer une vie communautaire regroupant uniquement des hommes. Or le manque que crée l'absence du sexe**Erreur ! Signet non défini.** féminin, pousse les hommes à réaliser dans leur plénitude, les tendances propres à leur sexe. Ainsi donc la pédérastie ou l'homosexualité grecque qui deviendra plus tard une méthode pédagogique pour le jeune grec avec pour conséquence le mépris du sexe féminin est de type militaire.(HENRI-IRENE (Marrou). – *Histoire de l'éducation**Erreur ! Signet non défini.** dans l'antiquité*, (Paris, Seuil, 1948), p.47.)

Dans la "doxa" athénienne, l'amour est essentiellement double. Tous les discours du *Banquet* de Platon, dont l'amour est précisément le sujet. Parmi ceux qui participent à la discussion, se trouve le poète comique Aristophane, qui intervient dans le débat en évoquant une époque antérieure, où existaient trois espèces d'humaines : le mâle, la femelle et l'androgyne. Ces humains avaient une forme étrange « ronde. Avec un dos et des flancs arrondis, quatre mains, autant de jambes, deux visages tout à fait pareils sur un cou rond, et sur ces deux visages opposés une seule tête, quatre oreilles, deux organes de la génération et tout le reste à l'avenant ». (*Le Banquet*, *in* Œuvres Complètes, 207c-208b.)

Ces curieux humains ont voulu s'attaquer au dieu Zeus, pour les punir et les couper en deux. Passons sur les détails de cette opération chirurgicale, mais retenons-en les conséquences : désormais, chacun rêve de retrouver sa « moitié», autrement dit « toutes les femmes qui sont une moitié de femme ne prêtent aucune attention aux hommes et préfèrent s'adresser aux femmes. « (…) Ceux qui sont une moitié de mâle s'attachent aux mâles» et (…) quand ils sont devenus des hommes aiment les garçons. Seuls (…) les hommes qui sont une moitié de ce composé des deux sexes que l'on appelait androgyne aiment les femmes». Et « de même toutes les femmes qui aiment les hommes ».(*Le Banquet*, *in* Œuvres Complètes, 219-220a.)

Comme nous l'avons mentionné plus haut dans le dialogue de Platon. Seule la relation homosexuelle est une relation « normale ». L'autre, celle qui unit l'homme à la femme découle de ces êtres hybrides que sont les androgynes. De là vient que ceux qui tournent leur tendresse vers le sexe masculin naturellement sont « plus fort et plus intelligent » (Ibid., 219-220a).

Pausanias tourne ainsi en dérision ce qui pourtant est la forme normale de l'amour, celle qui a été créée par le divin. Ainsi, à l'usage de l'amour naturel de la femme, se trouve substitué l'usage de l'amour contre-nature de l'homme : « la pédérastie ». (*Le Banquet*., 191d-192d.)

S'il est vrai que Platon ne renie pas la pédérastie, il faut noter que sa conception diffère de celui de ces contemporains. Pour lui, la pédérastie se présente comme un moyen d'amener les plus jeunes à surpasser les grands guerriers qui ont brillé, par leur courage, leur endurance au combat. Le désir chez l'aîné de s'affirmer aux yeux de son aimé, de briller devant lui et le désir symétrique chez le cadet de se montrer digne de son amant, renforce chez l'un et l'autre cet amour de la gloire.

Sur ce point, à travers l'exemple d'Alcibiade il nous montre la véritable pédérastie. Le témoignage d'Alcibiade sur l'endurance et la concentration de Socrate à l'occasion d'une guerre, lorsqu'il fit avec lui pour la première fois une expédition à Potidée tout au nord de la Grèce est probant : «Voilà ce qui m'était arrivé, quand vint l'expédition de Potidée (Le *Banquet*, 219- 220a.)

Un jour, fait remarquer Alcibiade, «il s'était mis à méditer et il était debout à la même place depuis le point du jour, poursuivant une idée, et, comme il n'arrivait pas à la démêler, il restait debout, obstinément attaché à sa recherche. Il était déjà midi, les soldats l'observaient et se disaient avec étonnement les uns aux autres. Socrate est là debout à méditer depuis le point du jour ». (ALEXANDRE (M) – *Lecture De Platon*, (Coll. Etudes Supérieures, éd Bordas ; Mouton, ES 17), p. 62)

Ces éloges que Alcibiade adresse à son modèle Socrate, est la marque de sa reconnaissance envers cet être aimé pour les nombreux enseignements qu'il a reçu de lui pendant la guerre, « Pour le Grec, l'éducation résidait essentiellement dans les rapports profonds et étroits qui unissait personnellement un jeune esprit à un aîné qui était à la fois son modèle, son guide et son initiateur, rapport qu'une flambée passionnelle illuminait d'un trouble et chaud reflet ».(MEAUTIS (G) – *Platon vivant*, Paris, Edition Albin Michel, 1964, p. 290)

Fasciné par les exploits de Socrate, Alcibiade le considère comme un être extraordinaire, un être unique, un modèle d'amour, un être que l'on ne peut comparer à aucun autre. Ainsi pour la cité grecque ce club d'hommes, l'idéal érotique, le modèle à l'image duquel doit se former tout amour est la pédérastie. C'est pourquoi le meilleur amoureux est avant tout un homme et surtout un homme dont l'affection porte non sur les femmes mais sur les hommes.

Mais la pédérastie pour le Grec, au lieu d'être un modèle d'éducation a fini par embrasser toute la force de la passion et s'est fait érotique, passionnel ou fondamentalement sexuel entre hommes. C'est un amour sexuel que Platon dénonce à travers le témoignage d'Alcibiade (Le *Banquet* 219- 220a.) « Je me couchai sous la vieille capote de cet homme-là et jetant mes deux bras autour de cet être vraiment divin et merveilleux, je passai ainsi la nuit entière. Malgré ces avances, loin de se laisser vaincre par ma beauté, il n'eut pour elle que dédain, dérision, insulte, et pourtant ma beauté n'était pas peu de chose à mes yeux. Sachez-le, par les dieux, par les déesses, je me levai de ses côtés après avoir passé la nuit tout comme si j'avais dormi avec mon père ou mon frère aîné ».(Ibid.)

Le bel Alcibiade, couché près de Socrate, espérait recevoir, comme il avait coutume de le recevoir des autres, une satisfaction charnelle. Ces rapports avec les amants jusque là connus sont marqués par l'envoûtant délire des pratiques sexuelles. Mais la leçon brutale et jamais soupçonnée de chasteté que Socrate donne à Alcibiade montre la différence entre lui et ces contemporains dans la pratique de la pédérastie. Socrate va lui montrer, non pas par de vains discours, mais par la pratique exemplaire de la chasteté, que la vérité de l'amour n'est pas le plaisir de la chair qui n'en est qu'un stade primaire et méprisable, mais bien plutôt la tendance fondamentale de l'être vers le Bien. En somme la réalité de l'amour telle que Diotime la prêtresse de Mantinée l'a révélé à Socrate, est le mouvement qui consiste à se surpasser, à s'élever plus haut depuis le monde physique jusqu'aux Idées, aux essences et à la contemplation du Bien. C'est le mouvement qui, dans la république, arrache certains hommes aux ombres de la Caverne et les conduits, éblouis, jusqu'à la clarté directe du soleil synonyme du Bien, de la perfection et de l'immortalité. Or seul l'amour de la femme, qui à pour fonction la reproduction permet l'immortalité de l'espèce humaine.

C'est pourquoi Platon tout en ne rejetant pas la pédérastie comme model d'éducation refuse que l'amour de la femme paraisse sous des bassesses et soit relégué au second plan. Aussi, nous dit Platon, si l'amour de la femme a pour fonction la reproduction et pour finalité l'immortalité de l'espèce humaine, cette reproduction n'est pas ouverte à toutes les contingences.

II- L'ENFANTEMENT DANS LE BEAU

Pour Platon, l'amour de la femme a pour fonction de perpétuer la génération, mais la génération dans le Beau seulement car il n'est pas possible d'engendrer dans la laideur.

La procréation est chose divine ; et le mortel participe à l'immortalité par la fécondation et la génération. Le Beau, comme le rayon du soleil qui éclaire les quatre éléments : le feu, l'air, l'eau et la terre, est rayon du Bien, c'est-à-dire Dieu qui orne quatre cercles : l'intelligence, l'âme, la nature la matière c'est-à-dire le corps humain quel que soit son sexe.

C'est pourquoi, le premier degré de l'ascension érotique chez Platon est l'amour charnel, sensuel que Platon appelle « Amour des corps ». Quiconque veut parvenir à la contemplation du Beau en soi, ultime degré de l'amour, doit commencer dans sa jeunesse, par rechercher les beaux corps. Cette recherche de la beauté d'un beau corps ensuite de tous les beaux corps peut-être considérée comme une prise de conscience de l'homme, en ce qui concerne l'existence de cette réalité. « Il faut selon nos principes, rendre les rapports très fréquents entre les hommes et les femmes d'élite ». (La *République V*, 461a-462a.)

Platon pense que la procréation doit avoir pour objectif principal l'enfantement d'êtres de nature meilleure. Cette nature supérieure doit être recherchée parmi les animaux mais surtout parmi les hommes. C'est pourquoi, il faut rendre « très rares, au contraire les rapports, entre les sujets inférieurs de l'un et de l'autre ».(La *République VI* 461a-462a.)

Platon, affirme également que la procréation dans le mariage ou hors du mariage a pour fin dernière : donner des hommes et des femmes de nature excellente à l'humanité. Car « tous les hommes qui prennent part à une action quelconque font tout bel et bien quand ils réfléchissent et appliquent leur esprit à ce qu'ils font, mais s'ils n'appliquent pas leur esprit ou qu'ils en manquent, c'est le contraire » (*Le Banquet*, 219- 220.)

Pour Platon, la procréation doit se faire uniquement dans le but d'améliorer la nature humaine. C'est pourquoi il préconise une sélection qui doit permettre d'unir des âmes médiocres et des âmes de nature meilleur afin de produire des êtres d'une âme moyenne. « Quant aux jeunes gens qui se seront signalés à la guerre où ailleurs, nous leur accorderons entre autres privilèges et récompenses, une plus large liberté de s'unir aux femmes pour qu'il y ait prétexte à ce que la plupart des enfants soient engendrés par eux ». (La *République V*, 461a-462a.)

Il ressort de ce qui précède que pour Platon, une cité qui veut connaître un épanouissement véritable, doit pouvoir compter sur des hommes et des femmes saints d'esprits et saints de corps.

Mais si dans l'antiquité cette affirmation platonicienne pouvait être considérée comme des paroles sans fondement, aujourd'hui la science avec le développement de la génétique « la science de l'hérédité qui étudie la transmission des caractères anatomiques, cytologiques et fonctionnels des parents aux enfants ». Ne vient-elle pas confirmer les dires de Platon sur la transmission par hérédité des dons naturels, comme des maladies des parents à leurs descendants ?

Aujourd'hui, de plus en plus, la médecine ne donne-t-elle pas raison à Platon quand elle demande aux conjoints de faire des tests médicaux avant le mariage ? A la suite de ces examens, dans certains cas des personnes qui portaient des maladies héréditaires ont été obligées de se séparer afin d'éviter de donner à l'humanité des êtres médiocres ou éternellement malades qui souffriront toute leur vie, avec leurs parents et avec la société.

Pour améliorer la nature humaine, avoir des citoyens et des citoyennes saints de corps et d'esprit, la procréation ne doit pas se faire n'importe comment, mais à des périodes bien précises de l'existence de l'homme et de la femme. « La femme (...) enfantera dans la cité de sa vingtième à sa quarantième année, l'homme (...) engendrera pour la cité jusqu'à cinquante-cinq ans. Pour l'un et pour l'autre, c'est en effet le temps de la plus grande vigueur du corps et de l'esprit.(La *République V,* 461a-462a.)

Ces périodes précitées sont celles de la plus grande vigueur du corps chez l'homme et chez la femme. La procréation doit se faire à ces périodes là, afin que d'Hommes bons et forts « naissent des enfants meilleurs et d'hommes utiles des enfants utiles encore ».(*Le Banquet,* 219- 220a) Autrement dit, la procréation doit se faire en donnant naissance à des enfants beaux physiquement et meilleurs par la qualité des aptitudes naturelles qu'ils possèdent.

C'est pourquoi « si un citoyen ou plus vieux ou plus jeune se mêle de l'œuvre commune de la génération, nous le déclarerons coupable d'impiété et d'injustice, car il donne à la cité un enfant dont la naissance secrète n'a pas été placée sous la protection des prières et des sacrifices des prêtres et des prêtresses».(*Le Banquet*, Œuvres Complètes, 219- 220a.)

Dans la *république* par contre si un enfant naît en dehors de ces périodes il ne reçoit ni prières de la part des prêtresses et prêtres ni des sacrifices de la communauté parce que cet enfant est « le fruit de l'ombre et de la terrible incontinence » (*Le Banquet*, Œuvres Complètes, 219- 220a.). En clair, un tel enfant est sous la malédiction, n'ayant reçu aucune prière de protection ni aucun sacrifice de reconnaissance, sa croissance est ignorée non seulement des dieux, mais de toute la cité.

Ainsi dans la *République* Platonicienne, l'acte de procréation, doit se réaliser en tenant compte d'une part de la qualité du corps qui porte l'enfant et d'autre part de l'influence de la divinité sur la naissance du nouveau né ; si l'on veut obtenir des citoyens et des citoyennes de meilleures nature.

Participer donc à l'œuvre de la procréation avant ou après ces périodes indiquées est signe de malédiction. Car avant ces périodes et après ces périodes le corps n'a pas encore ou n'est plus en grande vigueur mais c'est aussi attirer le malheur sur soi car les dieux n'accordent pas leur bénédiction à ces êtres hors période de procréation.

Platon, conscient du fait que dans l'œuvre de la procréation, la femme s'épuise plus vite que l'homme, puisque c'est en son sein que se réalise toute l'opération de la procréation. Platon préconise que sa procréation soit planifiée. Cette planification s'impose à la femme mariée et à son mari car nous dit Platon «l'épouse et l'époux doivent avoir envie de donner à la cité les enfants les plus beaux et les meilleurs possibles ». (La *République V*,461a-462a.)

Platon, dans sa *République* n'entend pas pratiquer le mariage comme le fait la société grecque ou, « le mariage se contracte entre des filles très jeunes, avec des hommes plus âgés, ». (MOSSE Claude – *Dictionnaire de la civilisation grecque*, (Paris, Edition Complexe, 1998), p. 311.) Pour lui, les hommes et les femmes peuvent s'unir «hormis leurs fils, leurs mères, leurs petites filles et leurs parents en ligne directe descendante ou ascendante.... Tous les enfants qui naîtront du septième mois à partir du jour où, l'on aura marié un gardien, seront appelés par lui, ceux de sexe masculin fils, ceux de sexe féminin filles, et l'appelleront père, il nommera les enfants de ceux-ci petits fils, eux à leur tour le nommeront grand-père, lui et ses compagnon de mariage et nommeront grand-mère leur compagnes. Enfin tous ceux qui seront nés dans le temps où leurs pères et mères donnaient des enfants à la cité se traiteront de frères et de sœurs. » (*La République V, in* Œuvres Complètes, 461a-462a)

En somme Platon pense que si l'enfantement permet l'immortalité de l'espèce humaine tous les moyens ne sont pas recommandés pour donner vie. Car certaines naissances attirent la malédiction. C'est pourquoi dans la cité idéale, il entend réaliser des mariages qui unissent non des hommes entre eux, ni des vieillards et des fillettes mais des femmes et des hommes saints, tout en conservant au mariage et à l'enfantement à un caractère moral, voire religieux.

III- DE LA FACILITATION DE LA MATERNITE COMME CONDITION DE LIBERATION DE LA FEMME DANS SA MISSION DE DONNEUSE DE VIE

Pour réussir cette procréation qui a pour finalité la naissance de meilleures natures, les femmes gardiennes qui par leurs fonctions expriment le don naturel qu'elles possèdent, doivent nécessairement donner des enfants à la cité malgré leurs occupations.

L'homme engendre et la femme enfante, en plus de ses rôles liés aux sexes, Platon affirme que tout doit leur être commun dans l'éducation et dans la fonction administrative. Ce sont les conditions qui permettront la justice sociale entre les sexes dans la république de Platon. Mais cette égalité ne peut être réalisée qu'à condition que la maternité ne soit pas à la charge de la femme seule. Mais qu'en plus de l'homme qui doit s'occuper de l'enfant au même titre que la femme, celle-ci reçoive de l'aide des nourrices.

Les nourrices sont des personnes qui possèdent un don pour l'office de la maternité. Platon pense que leur participation à la maternité de la femme mettra fin aux angoisses liées aux contraintes de la maternité, et permettra à la femme de participer pleinement aux charges de la république au même titre que l'homme, tout en donnant vie.

Rappelons que Platon prône d'une part l'égalité de l'éducation entre l'homme et la femme et d'autre part l'égalité des fonctions administratives. Cependant, Platon pense que la maternité qui prend en compte la grossesse de la femme, la naissance du nouveau né et les premiers mois du nourrisson en ce qui concerne son allaitement, son soin, son alimentation et le suivi quotidien de sa croissance doit être facilitée par les membres de la société dans laquelle elle vit.

Depuis l'origine de l'humanité, nous informe Simone de Beauvoir(1970, p. 10) dans son œuvre *le deuxième sexe*, la complexité de la maternité et son caractère exclusivement féminin a amené les hommes à limiter la fonction de la femme à la procréation et aux travaux domestiques. Les hommes face au mystère de la maternité décident que la femme s'y consacre et ne fasse plus rien d'autre que cela. Cette décision a emprisonné l'âme de la femme au foyer.

Or, la femme en tant qu'être humain a avec l'homme en partage, l'âme humaine et toutes ses aptitudes naturelles. (*La République V*, in Œuvres Complètes, 461a-462a.) (C'est donc nier, aliéner l'âme humaine en la femme que de la réduire à une activité liée uniquement à ses sens, à son corps. C'est cette injustice que Platon semble réparer dans *la République* quand il pose comme une des conditions d'une justice sociale, l'égalité des sexes.

Platon, contrairement à ses contemporains, pense que la maternité est une activité liée au corps de la femme et non à son âme. Il faut mettre tout en œuvre pour qu'elle soit facile afin qu'elle ne puisse pas être un obstacle aux activités liées à l'âme de la femme.

En clair, pour Platon, la femme procrée c'est-à-dire qu'elle met au monde des êtres humains. Mais en tant qu'être humain, son destin ne peut s'arrêter à ce premier niveau qui est d'ordre biologique et qui est propre à tous les êtres vivants, pour tendre vers le perfectionnement de son âme en mettant les dons qu'elle possède au service de l'humanité à travers son talent.

Pour faciliter la maternité (Ibid.) de la femme Platon propose : « Les nourrices habitant à part dans un quartier (...). Ils veilleront aussi à la nourriture des enfants, conduiront les mères au bercail, à l'époque où leurs seins se gonflent de lait (...). Si les mères ne suffisent pas à l'allaitement, ils se procureront d'autres femmes pour cet office. Dans tous les cas ils auront soin qu'elles n'allaitent que pendant un temps mesure. (Ibid.)

Si Platon convient avec ses contemporains que la grossesse est l'apanage de la femme, l'enfant une fois au monde, ses charges doivent être l'affaire de toute la communauté et non plus l'affaire de la seule femme, à travers ses propos, Platon lance un appel non seulement à tous les hommes mais également aux autorités de la république sur la nécessité de prendre leur responsabilité dans la maternité de la femme afin de donner des enfants équilibrés et en bonne santé à la société. Car réduire la vie de la femme à un enfant est une injustice sociale contre sa personne.

En clair, Platon semble demander à travers ses propos à la mère patrie de faciliter la maternité de la mère génitrice afin que l'enfant, futur citoyen de la république, défenseur de l'honneur de la mère patrie, une fois devenu grand profite à tous. Pour une meilleur organisation de cette office, Platon pense que « les enfants, à mesure qu'ils naîtront, seront remis entre les mains de personnes chargées d'en prendre soin, hommes, femmes, ou bien hommes et femmes réunis ; car les charges sont communes à l'un et à l'autre sexe ».(La *République V*, *in* Œuvres Complètes, 461c-462a.

Autrement dit pour Platon il faut que la maternité de la femme soit facilitée non seulement par la participation de son mari mais surtout avec l'aide de femmes et d'hommes ayant les aptitudes naturelles pour cet office. Aussi Platon pense que la phase de porter dans son sein un enfant est différente de la phase de l'accueil du nouveau-né, de son soin, de son allaitement, de son éducation. En somme si enfanter semble être lié à la nature de toute femme, pour Platon la maternité est une affaire de don. N'est-ce pas ce qui explique l'absence d'affection pour les enfants chez certaines mères de famille et la présence d'une tendresse inexplicable de ces petits êtres humains chez certaines personnes ? Ce constat signifie tout simplement que la femme qui porte l'enfant n'est pas forcément celle qui l'accueille mieux dès sa venue en ce monde.

C'est en ce sens que dans la *République,* Platon insiste sur la nécessité de mettre à contribution des personnes douées dans le soin, dans l'alimentation et dans l'éducation des enfants afin de faciliter la maternité de la femme gardienne. Cette contribution se situent à deux niveaux : d'une part les nourrices aideront la femme à supporter la maternité en lui enlevant toute angoisse et toute ignorance concernant la maternité surtout quand c'est la première expérience. D'autre part les nourrices faciliteront la maternité au point de se substituer à la mère, afin qu'elle n'évoque pas le manque de temps dû aux occupations administratives comme prétexte pour éviter de donner des enfants à la cité. Puisque désormais « les femmes de nos gardiens quitterons leurs vêtements, puisque la vertu leur en tiendra lieu ; elles participeront à la guerre et à tous les travaux qui concerne la garde de la cité sans s'occuper d'autre chose » (.La *République V*, *in* Œuvres Complètes, 4556c-4537b.)

Pour Platon, dans la cité les gardiennes ne sont pas exclues de l'œuvre divine de la procréation. Mais leur maternité doit être facilitée afin que tout en donnant des enfants à la cité, elles puissent vivre dehors comme les gardiens et ne s'occuper d'autre chose que la guerre et tous les travaux qui se rapportent à la garde de la cité. (*Le Banquet*, 461a-462a.)

Platon après avoir démontré l'égalité des aptitudes de l'âme humaine entre le sexe féminin et sexe masculin. Il décide de libérer totalement la femme en facilitant ce qui a toujours été considéré comme une charge du genre féminin : la maternité. Ici Platon fait de la maternité un office dans lequel des personnes femmes et hommes exercent en prenant en compte le soin d'alimentation et d'éducation des nouveaux nés. Cette nouvelle disposition que Platon introduit dans sa *république* permet à la gardienne d'assumer avec sérénité son rôle naturel de procréatrice sans s'en dérober, sans que la maternité ne constitue une menace psychologique pour elle, sa progéniture et pour la société.

Comme on le voit, Platon n'ampute pas à la femme sa maternité sous prétexte qu'elle est l'égale de l'homme dans l'éducation et dans l'administration mais propose qu'elle soit facilité, car sans la reproduction continuelle c'est-à-dire la mise au monde par la femme d'enfants pour pérenniser l'espèce humaine, l'humanité serait « semblable à ces hommes sans progéniture dont la lignée s'éclipse avec l'extinction.».(*Le Banquet*, *in* Œuvres Complètes, 461a-462a.

Si la fonction de gardienne semble s'opposer à la maternité qui exige patience et douceur, pour Platon les deux fonctions ne sont ni opposées, ni ne représentent une charge supplémentaire pour la femme puisqu'à la différence des autres cités, dans la *République*, la femme ne vivra plus seule sa maternité, un office des hommes et des femmes aideront les femmes gardiennes dans l'œuvre de la procréation à travers leur maternité.

Platon réalise ainsi la plus grande révolution jamais connue dans l'histoire des hommes. À travers ces dires, Platon élève la maternité d'un domaine privé lié exclusivement à la nature de la femme vers un domaine public, une institution où plusieurs fonctions s'imbriquent. Désormais, nous dit Platon, hommes et femmes doivent s'occuper des charges qui incombent aux nouvelles vies dès leur naissance.

CONCLUSION

En somme, Platon bouleverse son époque dans sa tentative de libérer la femme de l'injustice qu'elle subit dans la société. Cette vision Platonicienne élève la femme a la dimension humain en valorisant son amour reléguer au second plan par ses contemporains, au profil de l'homosexualité, cet amour stérile et charnel qui conduit l'humanité à son extinction Il pose l'enfantement de la femme dans le beau et non dans la laideur des pratiques avilissantes comme condition d'immortalité de l'espèce humaine

Il magnifie la vie en exigeant que la maternité de la femme soit facilitée afin que donner vie soit une joie et non une souffrance pour la donneuse véritable de vie, la seule capable d'éviter l'extinction du genre humain, à cause du caractère non artificiel mais naturel et divin de son enfantement.

BIBLIOGRAPHIE

ALEXANDRE (M) – *Lecture De Platon*, (Coll. Etudes Supérieures, éd Bordas ; Mouton, ES 17).

PLATON 1950.- *La République* in Œuvres Complètes, traduction Léon ROBIN, Paris, Gallimard, Pléiade.

S. BEAUVOIR(1978)- *Le deuxième sexe*, Paris, Gallimard, 1978.

G. MEAUTIS (1964) – *Platon vivant*, Paris, Edition Albin Michel, 1964.

C. MOSSE (1998) – *Dictionnaire de la civilisation grecque*, Paris, Edition Complexe, .

M ; HENRI-IRENE (1948). – *Histoire de l'éducation dans l'antiquité*, (Paris, Seuil, 1948).

HOMERE(1965) - *L'odyssée*, (Paris, Garnier Flammarion, 1965), traductions, introduction et notes par Médéric Dufour, Et Jeanne Raison.

PLATON(1950).- *Le Banquet,* in Œuvres Complètes, traduction Léon ROBIN, Paris, Gallimard, Pléiade,.

PLATON(1950).- *Le Phèdre* in Œuvres Complètes, traduction Léon ROBIN, Paris, Gallimard, Pléiade, 1950.

TABLE DES MATIERES

L'HARMATTAN ITALIA
Via Degli Artisti 15; 10124 Torino
harmattan.italia@gmail.com

L'HARMATTAN HONGRIE
Könyvesbolt ; Kossuth L. u. 14-16
1053 Budapest

L'HARMATTAN KINSHASA
185, avenue Nyangwe
Commune de Lingwala
Kinshasa, R.D. Congo
(00243) 998697603 ou (00243) 999229662

L'HARMATTAN CONGO
67, av. E. P. Lumumba
Bât. – Congo Pharmacie (Bib. Nat.)
BP2874 Brazzaville
harmattan.congo@yahoo.fr

L'HARMATTAN GUINÉE
Almamya Rue KA 028, en face
du restaurant Le Cèdre
OKB agency BP 3470 Conakry
(00224) 657 20 85 08 / 664 28 91 96
harmattanguinee@yahoo.fr

L'HARMATTAN MALI
Rue 73, Porte 536, Niamakoro,
Cité Unicef, Bamako
Tél. 00 (223) 20205724 / +(223) 76378082
poudiougopaul@yahoo.fr
pp.harmattan@gmail.com

L'HARMATTAN CAMEROUN
BP 11486
Face à la SNI, immeuble Don Bosco
Yaoundé
(00237) 99 76 61 66
harmattancam@yahoo.fr

L'HARMATTAN CÔTE D'IVOIRE
Résidence Karl / cité des arts
Abidjan-Cocody 03 BP 1588 Abidjan 03
(00225) 05 77 87 31
etien_nda@yahoo.fr

L'HARMATTAN BURKINA
Penou Achille Some
Ouagadougou
(+226) 70 26 88 27

L'HARMATTAN SÉNÉGAL
10 VDN en face Mermoz, après le pont de Fann
BP 45034 Dakar Fann
33 825 98 58 / 33 860 9858
senharmattan@gmail.com / senlibraire@gmail.com
www.harmattansenegal.com

L'HARMATTAN BÉNIN
ISOR-BENIN
01 BP 359 COTONOU-RP
Quartier Gbèdjromèdé,
Rue Agbélenco, Lot 1247 I
Tél : 00 229 21 32 53 79
christian_dablaka123@yahoo.fr

Achevé d'imprimer par Corlet Numérique - 14110 Condé-sur-Noireau
N° d'Imprimeur : 135526 - Dépôt légal : janvier 2017 - *Imprimé en France*

www.ingramcontent.com/pod-product-compliance
Lightning Source LLC
LaVergne TN
LVHW010931061026
849535LV00007B/2341
* 9 7 8 2 3 4 3 1 1 3 9 8 2 *